中国社会科学院国情调研特大项目"精准扶贫精准脱贫百村调研"

精准扶贫精准脱贫百村调研丛书

CASE STUDIES OF TARGETED POVERTY REDUCTION AND
ALLEVIATION IN 100 VILLAGES

李培林／主编

精准扶贫精准脱贫
百村调研·庆阳农场卷

产业扶贫攻坚的农垦样本

孙壮志　王爱丽／主编
田　雨　马睿泽／执行主编

社会科学文献出版社
SOCIAL SCIENCES ACADEMIC PRESS (CHINA)

中国社会科学院国情调研特大项目
"精准扶贫精准脱贫百村调研"
项目协调办公室

主　任：王子豪

成　员：檀学文　刁鹏飞　闫　珺　田　甜　曲海燕

总　序

　　调查研究是党的优良传统和作风。在党中央领导下，中国社会科学院一贯秉持理论联系实际的学风，并具有开展国情调研的深厚传统。1988年，中国社会科学院与全国社会科学界一起开展了百县市经济社会调查，并被列为"七五"和"八五"国家哲学社会科学重点课题，出版了《中国国情丛书——百县市经济社会调查》。1998年，国情调研视野从中观走向微观，由国家社科基金批准百村经济社会调查"九五"重点项目，出版了《中国国情丛书——百村经济社会调查》。2006年，中国社会科学院全面启动国情调研工作，先后组织实施了1000余项国情调研项目，与地方合作设立院级国情调研基地12个、所级国情调研基地59个。国情调研很好地践行了理论联系实际、实践是检验真理的唯一标准的马克思主义认识论和学风，为发挥中国社会科学院思想库和智囊团作用做出了重要贡献。

　　党的十八大以来，在全面建成小康社会目标指引下，中央提出了到2020年实现我国现行标准下农村贫困人口脱贫、贫困县全部"摘帽"、解决区域性整体贫困的脱贫攻坚目标。中国的减贫成就举世瞩目，如此宏大的脱贫目标世所罕见。到2020年实现全面精准脱贫是党的十九大提出的三大攻坚战之一，是重大的社会目标和政治任务，中国的贫困地区在此期间也将发生翻天覆地的变化，而变化的过程注定不会一帆风顺或云淡风轻。记录这个伟大的过程，总结解决这个世界性难题的经验，为完成这个攻坚战献计献策，是社会科学工作者应有的责任担当。

2016年，中国社会科学院根据中央做出的"打赢脱贫攻坚战"战略部署，决定设立"精准扶贫精准脱贫百村调研"国情调研特大项目，集中优势人力、物力，以精准扶贫为主题，集中两年时间，开展贫困村百村调研。"精准扶贫精准脱贫百村调研"是中国社会科学院国情调研重大工程，有统一的样本村选择标准和广泛的地域分布，有明确的调研目标和统一的调研进度安排。调研的104个样本村，西部、中部和东部地区的比例分别为57%、27%和16%，对民族地区、边境地区、片区、深度贫困地区都有专门的考虑，有望对全国贫困村有基本的代表性，对当前中国农村贫困状况和减贫、发展状况有一个横断面式的全景展示。

在以习近平同志为核心的党中央坚强领导下，党的十八大以来的中国特色社会主义实践引导中国进入中国特色社会主义新时代，我国经济社会格局正在发生深刻变化，脱贫攻坚行动顺利推进，每年实现贫困人口脱贫1000多万人，贫困人口从2012年的9899万人减少到2017年的3046万人，在较短时间内实现了贫困村面貌的巨大改观。中国社会科学院组建了一百支调研团队，动员了不少于 500 名科研人员的调研队伍，付出了不少于 3000 个工作日，用脚步、笔尖和镜头记录了百余个贫困村在近年来发生的巨大变化。

根据规划，每个贫困村子课题组不仅要为总课题组提供数据，还要撰写和出版村庄调研报告，这就是呈现在读者面前的"精准扶贫精准脱贫百村调研丛书"。为了达到了解国情的基本目的，总课题组拟定了调研提纲和问卷，要求各村调研都要执行基本的"规定动作"和因村而异的"自选动作"，了解和写出每个村的特色，写出脱贫路上的风采以及荆棘！对每部报告我们都组织了专家评审，由作者根据修改意见进行修改，直到达到出版要求。我们希望，这套丛书的出版能为脱贫攻坚大业写下浓重的一笔。

中共十九大的胜利召开，确立习近平新时代中国特色社会主义思想作为各项工作的指导思想，宣告中国特色社会主义进入新时代，中央做出了社会主要矛盾转化的重大判断。从现在起到 2020 年，既是全面建成小康社会的决胜期，也是迈向第二个百年奋斗目标的历史交会期。在此期间，国家强调坚决打好防范化解重大风险、精准脱贫、污染防治三大攻坚战。2018 年春节前夕，习近平总书记到深度贫困的四川凉山地区考察，就打好精准脱贫攻坚战提出八条要求，并通过脱贫攻坚三年行动计划加以推进。与此同时，为应对我国乡村发展不平衡不充分尤其突出的问题，国家适时启动了乡村振兴战略，要求到 2020 年乡村振兴取得重要进展，做好实施乡村振兴战略与打好精准脱贫攻坚战的有机衔接。通过调研，我们也发现，很多地方已经在实际工作中将脱贫攻坚与美丽乡村建设、城乡发展一体化结合在一起开展。可以预见，贫困地区的脱贫攻坚将不再只局限于贫困户脱贫，我们有充分的信心从贫困村发展看到乡村振兴的曙光和未来。

是为序！

全国人民代表大会社会建设委员会副主任委员

中国社会科学院副院长、学部委员

2018 年 10 月

前　言

近年来，国家逐步提高扶贫工作的力度，其中精准扶贫和产业扶贫是这场扶贫攻坚战中的重要着眼点，是国家实现 2020 年扶贫目标的重要组成部分。黑龙江省作为农业大省，实现脱贫需要采取符合本地实情的可行措施。结合黑龙江农业的主力军——农垦系统，从精准扶贫的角度看，针对贫困区域环境、贫困农户状况采取产业扶贫的方式是符合实际情况的、可行的策略。

黑龙江垦区是在特定历史条件下为承担国家使命而建立和发展起来的，如今已经历了 70 年的开发建设和改革发展历程。作为全国农业现代化水平最高的地区，黑龙江垦区在产业发展上具备独特的优势；但同时，我国"十三五"时期确定的 304 个重点贫困农场中，黑龙江省有 32 个，占全国总数的将近 1/10，这也是我们不得不面对的事实。

黑龙江垦区产业发展具有较强的典型性。首先，垦区具有独特的国有企业属性，农垦系统是政府职能与市场体制有机结合的制度产物，具有鲜明的中国特色社会主义色彩，具有大基地、大产业、大企业等方面的优势，这保证了其在粮食战略中的重要地位；其次，黑龙江垦区对周边村屯发展具有带动作用，产业发展能够带动农民就业增收，通过垦区小城镇建设可以带动当地居民居住条件的改善和新型城镇化的发展，通过生态建设也能带动当地环境的改善。黑龙江垦区产业发展的典型性也体现在绿色食品产业极具规模、食品加工产业实力雄厚、旅游资源开发潜力巨大，以及境外农业开发优势明显等方面。

所以，对黑龙江垦区产业扶贫的研究是很有价值的。一方面有助于加强对习近平新时代中国特色社会主义思想的学习和理解；另一方面有助于更深层次地对产业扶贫过程中涉及的环节进行深刻的认识。从现实角度说，做好黑龙江垦区产业扶贫研究，可助推贫困农场脱贫致富，与全国同步全面建成小康社会；对未来更好地应对农垦系统的产业扶贫工作具有帮助；同时，能够为未来乡村振兴战略的实施做出有益的助力。

黑龙江省农垦系统的扶贫工作是有着相对完善的政策基础的。从财政和金融扶贫政策、教育和科技人才政策、社保和土地改革政策、招商和剥离社会职能政策四个方面来说，其已经初步建立起相对完备的体系。

以本研究具体考察的庆阳农场来说，其在产业扶贫方面积累了一些很好的经验，并且这些经验与精准扶贫的路径是相似的，即因地制宜。具体做法方面，该农场主要从四个方面入手：一是用"混合所有制经济改革"形式打造"三位一体"的产业运营模式；二是通过"复合型产业运作"催生农业资源生态循环利用模式；三是采取"多元化分类扶贫"方式形成产业扶贫攻坚可持续机制；四是"多策并举"的系列扶贫措施助推产业扶贫攻坚。

实践的过程也是不断积累经验、不断纠错的过程。在对不断发展着的庆阳农场扶贫工作的考察过程中，我们也发现了一些值得进一步优化的问题，主要是产业扶贫参与主体未形成完整利益联结机制、扶贫产业发展的不利因素突出、金融和政策支撑不足、农技人力资源匮乏四大方面。

我们初步给出了一些可供参考的优化意见：第一是强化规划政策引导，因地制宜地优化产业布局；第二是培育产业扶贫主体，增强扶贫带动能力；第三是建立有效利益联结机制，不断提高贫困户受益程度；第四是健全产业扶贫资金管理机制，提高资金使用效益；第五是实施品牌建设工程，助推扶贫产业提档升级；第六是推进人才队伍建设，加大科技创新与支持力度。

调研组的组成人员均长期从事实证研究，在决策咨询、规划编制、可行论证、第三方评估等方面积累了大量经验。课题组部分人员先期承接过多项庆阳农场所在的哈尔滨市相关课题，数次深入庆阳农场所在的延寿县内乡镇进行实地调研，在前序课题的调研过程中对延寿县所辖各乡镇均有所了解及认识。

为更好地了解总结庆阳农场产业扶贫经验，本课题组在 2017 年 1 月至 2018 年 1 月多次组织进驻庆阳农场的调研活动，历时一年有余。调查期间共组织座谈会 4 场，完成农场情况调查报告 1 份，并通过入户调查、一对一问答的形式，完成贫困户与非贫困户问卷调查共 60 份，同时完成个案访谈 20 余个，这些调查为我们的研究积累了丰富的一手资料。另外，课题组成员也进行了非常扎实的文献资料收集和补充。

目　录

第一章

黑龙江垦区产业扶贫研究的
必要性及政策简述

　　黑龙江垦区是在特定历史条件下为承担国家使命而建立和发展起来的，如今已经历了 70 年的开发建设和改革发展历程。作为全国农业现代化水平最高的地区，黑龙江垦区在产业发展上具备独特的优势；但同时，我国"十三五"时期确定的 304 个重点贫困农场中，黑龙江省有 32 个，约占全国总数的 1/10。在全面建成小康社会决胜阶段、中国特色社会主义进入新时代的关键时期，加强对黑龙江垦区产业扶贫的研究，厘清其经验及政策，对于打赢脱贫攻坚战具有独特的意义。党的十九大提出的乡村振兴战略指出要"确保国家粮食安全，把中国人的饭碗牢牢端在自己手中。构建现代农业产业体系、生产体系、经营体系，完善农业支持保护制度"，黑龙江垦区作为保障国家粮食安全的重镇，在未来的乡村振兴战略中将会起到非常重要的作用。2017 年 12 月的

中央农村工作会议深刻阐述实施乡村振兴战略的重大问题，指出必须打好精准脱贫攻坚战，走中国特色减贫之路。黑龙江省农垦总局也在脱贫攻坚工作推进会中提出"积极研究产业扶贫的具体项目和措施，实现以产业扶贫强化造血功能，增强自身发展能力的扶贫目标"。

第一节　黑龙江垦区产业发展的典型性和独特性

一　黑龙江垦区产业发展的典型性

垦区扶贫与农村扶贫存在着一定区别。农村扶贫的对象是农村贫困户，其是在各级政府的组织下，在社会各界的广泛参与下，通过多种方式扶持帮助贫困户脱贫致富。农垦扶贫主要是系统扶贫、产业扶贫，是通过扶持贫困农场，实现产业发展和民生条件改善，来促进和带动农场职工群众脱贫致富奔小康。黑龙江垦区作为全国农业现代化水平最高的地区，其产业发展具有一定的独特性，研究其产业扶贫也具有典型性意义。

（一）独特的国有企业属性

农垦系统最为重要的特征便是其国有农业经济属性，

从生产力和生产关系的角度看其具有先进性，发挥着保障国家粮食安全方面的作用。农垦系统是政府职能与市场体制有机结合的制度产物，具有鲜明的中国特色社会主义色彩。首先农垦系统具有大基地、大产业、大企业等方面的优势，这保证了其在粮食战略中的重要地位。

在打赢脱贫攻坚战，到 2020 年实现现行标准下农村贫困人口全部脱贫的过程中，农垦系统也发挥着重要的作用。"两个率先"目标，一是率先实现农业现代化，二是率先全面建成农垦小康社会，即农垦系统在这场脱贫攻坚战中将要发挥的作用。

黑龙江农垦系统在经济建设方面成果丰硕，2016 年全年实现地区生产总值 1197.3 亿元，同比增长 6.1%；垦区居民人均可支配收入达到 25421 元，同比增长 6.6%。其农业现代化建设和农业生产方式转变处于全国前列，新型工业化快速发展，城镇化建设也在黑龙江省处于领先地位。

（二）黑龙江垦区对周边村屯发展的带动作用

黑龙江垦区作为农业现代化的"排头兵"，在现代农业建设中发挥示范带动作用，垦区具有的组织优势、体制优势、机制优势和产业优势还可以使其成为带动周边村屯经济社会协调发展、统筹城乡一体化发展的重要力量。

一是通过产业发展带动农民就业增收。随着垦区园区经济和非国有经济的快速发展，一批农产品加工业、农村服务业和休闲旅游业等新型产业蓬勃兴起，已经成为吸纳周边农村劳动力的"蓄水池"，在带动当地农民就近就地就业、增加工资性收入方面发挥了重要作用。

二是通过垦区小城镇建设带动当地居民居住条件的改善和新型城镇化的发展。特别是自2008年实施农垦棚户区改造项目以来，危房改造工程的顺利推进有力促进了黑龙江垦区的小城镇建设，初步实现了人口向场部集中、产业向园区集中的转变。这些星罗棋布的农垦小城镇在集聚周边农村地区人口、资源和要素，促进场地共同繁荣方面发挥了重要作用。部分农场场部已经成为当地的经济、文化和社区服务中心。

三是通过生态建设带动当地环境的改善。有的农场充分发挥垦区产业链条长、资源综合利用潜力大的优势，积极探索秸秆和畜禽粪便综合利用新模式，推广综合循环利用、生物质气化、稻壳发电、沼气利用等新技术，形成了一批以节能减排为目标，以产业多样化、生态化、高值化为特色的循环经济发展模式，带动了周边村屯的发展，既提高了资源利用效率，又保护了生态环境。

与此同时，黑龙江垦区不断继承与发展融北大荒文化、军旅文化、知青文化、本土文化于一体的文化建设，在带动周边村屯精神文明建设方面发挥了重要的先导作用。近些年，黑龙江垦区围绕塑造社会主义核心价值观，切实加强企业文化建设，坚持用文化力培育竞争力，不断强化对区域文化的引领、支撑和服务作用，打造了北大荒文化等一批在社会上有广泛影响力的文化品牌。

二 黑龙江垦区产业发展的独特性

黑龙江垦区地处我国东北部小兴安岭南麓、松嫩平原和三江平原地区。辖区土地总面积5.54万平方千米，现有耕地4363万亩、林地1384万亩、草地509万亩、水面388万亩，是国家级生态示范区。下辖9个管理局、113个农牧场、986家国有及国有控股企业，分布在全省12个市，总人口167.7万人。

作为国家级现代化大农业示范区，黑龙江垦区是我国农业先进生产力的代表，发展现代化大农业具有得天独厚的优势。其土地资源富集，人均资源占有量高，耕地集中连片，适宜大型机械化作业；基础设施完备，基本建成防洪、除涝、灌溉和水土保持四大水利工程体系；农业机械化率达99.4%，农业科技贡献率达68.2%，科技成果转化率达82%，居世界领先水平；实施农业产业化经营，打造了米、面、油、肉、乳、薯、种等支柱产业，拥有国家级和省级重点产业化龙头企业33家，培育了"北大荒""完达山""九三"等一批中国驰名商标；积极实施农业"走出去"战略，境外企业已达26家，主要分布在俄罗斯、澳大利亚、泰国等13个国家和地区，境外土地开发面积达到304万亩。习近平总书记在黑龙江省考察调研时发表重要讲话并指出："黑龙江农垦在屯垦戍边、发展生产、支援国家建设、保障国家粮食安全方面做出了重大贡献，形成了组织化程度高、规模化特征突出、产业体系健全的独特优势，是国家关键时刻抓得住、用得上的重要力量。"

黑龙江垦区产业发展的独特性主要有以下几点。

（一）绿色食品产业极具规模

黑龙江垦区发展绿色食品产业有独特的自然资源禀赋和地缘经济优势。作为国家级生态示范区，黑龙江垦区是发展绿色有机生态农业、建设绿色食品产业的天然王国。拥有 4300 万亩优质耕地和高标准、完善、配套的农业基础设施，产地认定面积 223.3 万公顷，占全省的 23.3%。经过 20 多年的发展，黑龙江垦区绿色食品事业从概念到产品、从产品到产业，不断发展壮大。绿色食品原料标准化生产基地建设粗具规模，绿色食品企业与产品数量持续增加，产地检测面积不断扩大。到 2013 年末，绿色食品企业 102 家，产品数量 287 个；有机农产品生产企业 35 家，有机农产品达到 170 个，认证面积 175 万亩；无公害农产品达到 489 个，产地认证面积 3951 万亩；农产品地理标识产品 6 个。创建全国农业标准化示范农场 24 个，全国绿色食品原料标准化生产基地 63 个，基地面积 896.4 万亩，形成了生态优良的"绿色大基地"。农产品检验检测体系完善，具备世界领先的农机农艺生产技术和全程可控的现代农业工艺流程及栽培模式，创造了世界领先的农业劳动生产率（职工人均生产粮食 38 吨）和科技贡献率（68%）。

（二）食品加工产业实力雄厚

黑龙江垦区基本形成了以农畜产品加工产业为主体、

以现代设备装备为基础、以重点龙头企业为代表的现代农产品加工工业格局。依托资源优势,通过推进内部重组整合,在米、面、油、乳、薯等优势行业培育出九三粮油工业集团、北大荒米业集团、完达山乳业股份有限公司、北大荒丰缘集团、北大荒马铃薯产业集团等一批在国内有重要影响的产业化龙头企业,培育了"北大荒""完达山""九三""丰缘"等一批中国驰名商标,年粮食加工转化能力2900万吨,形成了农产品加工"产业大集群"。目前,主要拥有以北大荒米业集团为代表的一批稻米加工企业、以北大荒丰缘集团为龙头的小麦加工企业、以九三粮油工业集团为龙头的食用植物油加工企业、以完达山乳业股份有限公司为龙头的乳制品加工企业、以黑龙江宝泉岭双汇北大荒食品有限公司为龙头的肉制品加工企业以及国内最大的马铃薯产业集团——北大荒马铃薯集团公司等。

(三)旅游资源开发潜力巨大

黑龙江垦区旅游资源丰富,山川、河流、湖泊、丘陵、平原皆有;湿地景观、冰雪景观、森林景观、生态农业景观俱全,还具有厚重的知青文化、军垦文化、黑土文化、北大荒精神等文化底蕴,发展旅游业具有得天独厚的优势。目前,垦区有44家A级以上景区,其中国家4A级旅游景区4家、3A级旅游景区17家,有旅行社12家。2013年黑龙江垦区被亚太环境保护协会评为"全球百座避暑旅游名城"。

（四）境外农业开发优势明显

黑龙江垦区"走出去"和对外投资合作项目已在 23 个国家和地区生根开花，共开发土地 304 万亩，年境外粮豆总产量超过 60 万吨。境外累计投资超过 18 亿元，累计输出农业机械超过 4800 台套，劳务输出超过 1.5 万人次。有43 个农场、9 家龙头企业在境外开展业务，境外各类企业 26 家，企业类型有农业资源开发、生产加工、贸易流通、工程承包及综合经营等。

三 黑龙江垦区产业扶贫研究的学术价值与现实意义

产业扶贫涉及对象多、覆盖面广、需要解决的问题多，是贫困地区人民脱贫和自我发展的重要抓手。

（一）学术价值

一是有助于加强对习近平新时代中国特色社会主义思想的学习研究。习近平新时代扶贫开发战略思想是习近平新时代中国特色社会主义思想的重要组成部分。由于黑龙江垦区是历史上形成的极具独特性的系统，对黑龙江垦区贫困的成因、反贫困的经验、扶贫的措施等主要内容进行研究，有利于完善我国贫困问题的普遍性和多样性研究，是对习近平新时代扶贫开发战略思想微观研究的丰富。特别是党的十九大提出了乡村振兴战略，农垦系统产业扶贫研究对未来深入理解乡村振兴战略精神具有益处。

二是有助于更深层次地对产业扶贫过程中涉及的环节进行理解。产业扶贫从理论到实践需要经历很多试错环节和经验总结，特别是作为农垦系统这样一个特殊的结构，其产业扶贫的实践具有特殊性。黑龙江农垦系统是保障国家粮食安全的重要基地，深入总结和剖析其产业扶贫中的经验和教训，对其他类似现象可发挥借鉴作用。

（二）现实意义

一是黑龙江垦区产业扶贫是全省及全国农垦系统扶贫开发的重要组成部分。我国"十三五"时期确定的重点贫困农场有304个，其中黑龙江省有32个，约占全国总数的1/10。做好黑龙江垦区产业扶贫研究，助推贫困农场脱贫致富，与全国同步全面建成小康社会，事关全省扶贫开发大局，事关垦区改革发展大局。

二是黑龙江农垦系统具有典型性和独特性，对其进行研究能够更深刻地了解农垦系统在产业扶贫过程中的相关问题，对未来更好地应对农垦系统的产业扶贫工作有帮助。

三是中央提出乡村振兴战略，这是十九大为解决"三农"问题而提出的历时性创造。未来会有一系列政策和相关决策不断出台，对于黑龙江农垦系统产业扶贫的研究能够为未来乡村振兴战略的实施提供有益的助力。

第二节　黑龙江垦区产业扶贫政策简述

为确保到2020年垦区贫困人口实现脱贫，贫困农（牧）场全部摘帽，黑龙江垦区采取推进扶贫开发与经济社会发展相互促进、精准扶贫与社会保障相结合的方式，从财政、金融、招商、土地流转、科技人才、社保、教育等方面，制定了一系列精准扶贫政策。

一　财政和金融扶贫政策

根据精准扶贫需要，积极调整垦区财政支出结构，建立与国家安排专项扶贫资金和垦区财力相适应的投入增长机制。从2016年起，扩大财政支出规模，增加对垦区贫困地区水、电、路、气、网等基础设施建设和基本公共服务的投入。建立健全脱贫攻坚多规划衔接、多部门协调的长效机制，整合目标相近、方向类同的涉农资金。支持贫困农场以扶贫规划为引领，以重点扶贫项目为平台，集中使用专项扶贫资金、相关涉农资金和社会帮扶资金。

鼓励和引导各类金融机构加大对垦区扶贫开发的金融支持力度，拓宽扶贫资金来源渠道。支持中国农业银行、中国邮政储蓄银行、农村信用社等金融机构延伸服务网络，创新金融产品，增加对贫困农场的信贷投放。对有稳定还款来源的扶贫项目，采取过桥贷款的方式，撬动信贷资金投入。统筹承接扶贫开发项目贷款，支持垦区贫困地区开展路、水、电等基础设施建设和危房改造,并促进产业发展。积极争取国家扶贫再贷款,重点扶持带动贫困户脱贫的龙头企业及其他新型经营主体,优先支持贫困户发展生产。针对金融机构向贫困户提供免抵押、免担保的小额信贷,由财政按基础利率贴息。加大创业担保贷款、助学贷款、妇女小额贷款、康复扶贫贷款的实施力度。支持贫困农场开展金融创新,培育发展资金互助组织。

发挥农业信贷担保公司功能,加大对贫困农场职工创业担保贷款的支持力度,年化担保费率不超过同期贷款基准利率的1/3。鼓励农业信贷担保公司等政府性融资担保机构,对贫困农场职工创业后按时还贷的返还担保费。支持保险机构发展扶贫小额贷款保证保险,对贫困户保证保险保费予以补助。扩大农业保险覆盖面,支持贫困农场开展特色农产品保险和农产品价格保险。

二 教育和科技人才政策

实施教育扶贫工程。教育经费向贫困农场、基础教育倾斜。合理布局贫困农场中小学校,全面改善基本办学条件,加强寄宿制学校建设,提高义务教育巩固率。完善学前教育资助制度,帮助贫困家庭幼儿接受学前教育。全面落实贫困农场义务教育阶段学生营养改善计划。对贫困家庭中小学生给予就餐补贴,对贫困家庭高中学生免除学杂费。制定地方优质普通高中面向区域内贫困家庭学生招生的倾斜政策。加强垦区教师周转宿舍建设,全面落实连片特困地区教师生活补助政策。制定符合贫困地区实际的教师招聘引进办法。特岗计划和国培计划向贫困地区基层倾斜。加强有专业特色并适应市场需求的职业学校建设，提高中等职业教育国家助学金资助标准。对参加中高职教育的贫困家庭学生免除学杂费，给予每人每年 3000 元生活补助。建立保障垦区和贫困地区学生上重点高校的长效机制。扩大省属重点高等院校面向垦区贫困地区定向招生配额。加大对贫困家庭大学生的救助力度。向离校未就业的贫困家庭大学生提供就业支持。全面落实教育扶贫结对帮扶行动计划。

加大科技扶贫力度，解决贫困农场特色产业发展和生态建设中的关键技术问题。加大技术创新引导专项资金对科技扶贫的支持力度，加快先进实用技术成果在贫困农场的转化。推行科技特派员制度，支持科技特派员开展创业式扶贫服务。强化贫困农场基层农技推广体系建设。鼓励支持各类人才在边远贫困地区长期扎根，在职称评聘等方面给予政策倾斜。强农惠农政策和农业补贴项目向创业职工倾斜，健全农场职工创业服务体系，鼓励和支持贫困户创业。

三 社保和土地改革政策

按照属地管理原则，将垦区职工和居民纳入相应的社会保险、社会救助等社会保障体系。针对与国有农场签订劳动合同的农业从业人员，可以执行当地统一的企业职工社会保障政策，也可以实行符合农业生产特点的参保缴费办法。强化农垦企业及其职工按时足额缴费意识和地方政府主体责任，将未参加养老和医疗保险或中途断保的职工，按规定纳入参保范围。

实施农场最低生活保障制度以实现兜底脱贫。完善农场最低生活保障制度，实施综合性救助，解决贫困户吃、住、学、医等困难，对无法依靠产业扶持和就业帮助脱贫的家庭实行政策性保障兜底。尽快完善最低生活保障制度与扶贫开发政策有效衔接的实施方案。进一步加强低保申请家庭经济状况核查工作，将所有符合条件的贫困家庭纳入低保范围，做到应保尽保。加大临时救助制度在贫困农场的落实力度。建立垦区低保和扶贫开发数据互通、资源共享的信息平台，实现动态监测管理和工作机制的有效衔接。加快完善城乡居民基本养老保险制度，适时提高基础养老金标准，引导垦区贫困人口积极参保续保，逐步提高保障水平。

健全垦区留守儿童、妇女、老人和残疾人关爱服务体系。对垦区"三留守"人员和残疾人进行全面摸底排查，建立翔实完备、动态更新的信息管理系统。加强儿童福利院、救助保护机构、特困人员供养机构、残疾人康复托养机构、社区儿童之家等服务设施和队伍建设，提高管理服务水平。建立家庭、学校、政府和社会力量相衔接的留守儿童关爱服务网络。加强对未成年人的保护。健全孤儿、事实无人抚养儿童、低收入家庭重病重残等困境儿童的福利保障体系。健全发现报告、应急处置、帮扶干预机制，帮助特殊贫困家庭解决实际困难。加大贫困残疾人康复工程、特殊教育、技能培训、托养服务的实施力度。全面建立困难残疾人生活补贴制度。提高低保家庭中老年人、未成年人、重度残疾人的救助水平。引导和鼓励社会力量参与特殊群体关爱服务工作。

国土资源部、财政部、农业部联合发布《关于加快推进农垦国有土地使用权确权登记发证工作的通知》(以下简称《通知》),明确到 2018 年底,完成权属清晰、无争议的农垦国有土地使用权确权登记发证工作。《通知》明确要求各地按照"依法依规、因地制宜、先易后难"的原则,加快农垦国有土地权籍调查,相关农垦概念股有望获政策提振。

同时,调整完善贫困农场土地利用规划。新增建设用地指标优先保证扶贫开发用地需要。专项安排贫困农场年度新增建设用地计划指标。在土地整治工程和项目安排、生态高产标准农田建设和补助资金分配方面,优先保障贫困农场建设需要。

四 招商和剥离社会职能政策

通过盘活垦区土地存量资产,盘活基础设施资源,扩大投融资渠道,保障垦区扶贫工作持续发展。进一步建立完善市场化投融资机制,改变垦区城镇建设投资主体单一状况,优化环境,招商引资,鼓励企业、个人参与到精准扶贫事业中来。在保证公共安全和职工利益不受损害的前提下,本着"谁投资、谁建设、谁管理、谁受益"的原则,逐步探索放开部分公共基础设施经营权。

第二章

庆阳农场历史沿革及扶贫
情况概述

庆阳农场始建于 1947 年，是黑龙江省垦区开发历史最早的农场之一，现隶属于黑龙江省农垦总局哈尔滨管理局。作为拥有良好自然条件的国有农场，经过 70 余年的发展与改革，庆阳农场已建成集农、林、牧、工、商、运、服、文教、卫生于一体的现代化农场。"十三五"时期，庆阳农场也承担着加快脱贫攻坚步伐，确保如期完成脱贫攻坚规划目标的重要任务。

第一节　扶贫背景：历史沿革与自然条件

一　庆阳农场发展简史

庆阳农场始建于 1947 年，是黑龙江省垦区开发历史最早的农场之一。1947 年 6 月 13 日，李在人、刘岑等同志受松江省政府主席冯仲云派遣，在哈绥铁路沿线的一面坡太平沟建立"松江省营第一农场"。由于地理条件受限，1948 年 3 月 20 日，放弃了太平沟开垦的 1395 亩耕地，集体搬迁到现在的庆阳农场。同年 8 月，李在人带领部分人员到宁安县开发新战场，即现在的宁安农场。同时"松江省营第一农场"更名为"松江省机械农场"，庆阳农场成为松江省机械农场庆阳分场。1953 年定名为"黑龙江省庆阳农场"。1947 年 7 月，农场隶属松江省建设厅。1948 年 8 月，农场隶属松江省农业厅。1954 年，农业厅内设国营农场管理局，农场隶属国营农场管理局。1955 年 9 月，农场隶属黑龙江省国营农场管理厅。1968 年至 1971 年划归延寿县，1972 年隶属黑龙江省国营农场管理局，1973 年 3 月，农场划归省国营农场管理局绥化局领导。1974 年 1 月，归省国营农场管理局直属。1976 年 2 月，农场隶属黑龙江省农场总局哈尔滨管理局，2003 年黑龙江省农垦总局哈尔滨管理局更名为哈尔滨分局（见表 2-1）。

表 2-1　庆阳农场历史沿革

1947 年 7 月	松江省建设厅主管农业,农场归松江省建设厅领导
1948 年 8 月	松江省成立农业厅,农场归农业厅领导
1949 年 9 月	农业厅改为农林厅,农场归农林厅领导
1952 年 6 月	松江省将农、林分开,复称农业厅,农场归农业厅领导
1954 年	农业厅内设国营农场管理局,农场归其领导
1954 年 8 月	松江省与黑龙江省合并为黑龙江省,设农业厅,仍内设国营场管理局,农场归其领导
1955 年 9 月	东北国营农场管理局与黑龙江省农业厅国营农场管理局合并,成立黑龙江省国营农场管理厅,农场归其领导
1958 年 7 月	黑龙江省国营农场管理厅并入省农业厅,厅内设国营农场管理局,农场归其领导
1962 年 7 月	农业厅国营农场管理局划出,成立黑龙江省农垦厅,农场归其领导
1968 年 6 月	省农业厅并入省农业厅接管委员会(1967 年 2 月,农业厅解体;1967 年 9 月,成立黑龙江省农业厅接管委员会),农场交延寿县
1972 年	成立黑龙江省国营农场管理局,农场回归国营农场管理局领导。3 月,农场划归省国营农场管理局绥化分局领导
1974 年 1 月	归省国营农场管理局直属
1976 年 2 月	成立省国营农场总局哈尔滨管理局,农场归其领导

资料来源:《庆阳农场志》。

2010 年,农场已建成集农、林、牧、工、商、运、服、文教、卫生于一体的现代化农场。2012 年,农场获得省农垦总局水稻秋收先进单位、"农业标准化提升活动标兵单位"和农产品质量追溯系统项目建设单位等称号。2013 年,农场重点发展完善"稻、鸭、果、药"四大产业链,形成有机水稻种植、生态养殖、寒地小浆果种植与加工、山药材林下种植与加工稳步协调发展的局面。

二　庆阳农场基本情况

黑龙江省庆阳农场位于延寿县、方正县、尚志市两县一市的三角交界处，延寿县境内的东部，地理坐标为东经128°17′~128°46′，北纬45°19′~45°35′，海拔173米上下。农场场部东为张广才岭西麓；西距延寿县县城65千米，与延寿县中和镇相邻；南距尚志市亚布力镇82千米，与尚志市庆阳乡接壤；北距方正县县城45千米，与方正县宝兴乡相连。

全场由东、西两部分组成，中间由延寿县中和镇相隔；两部分相距十余千米。东部以场部为中心，由第一管理区、第二管理区、第三（居民组）作业区、第四管理区（包含第四作业区、第六作业区、第七作业区）构成，西部为第五管理区（含第五作业区、第八作业区）。农场土地总面积122162.3亩，全境地处完达山支脉张广才岭西麓，东部地区总体地势为东南高、西北低，西部地区地势为西高东低。东亮珠河在农场东、西两部分中间从南到北流过，与玛延河汇流，注入松花江。农场地形大部分为山间盆地和河谷平原，也有少量丘陵漫岗。岗地土质为白浆土，河谷平原为草碳土。大小11条河流流经全场，人工塘坝200余处。

这里土壤肥沃，雨水充沛，属寒温带大陆性季风气候，年积温、年光照、无霜期等自然条件，适合各种农作物生长。优越的自然条件，丰富的物产，大面积的林地、草原，为发展绿色食品创造了有利条件。同时，农场雄厚的机械装备实力、配套的绿色食品生产设施、完善的水利保障工程、先进的科技手段和健全的社会服务体系，为农场农、林、牧、工、商、运全面发展提供了广阔的空间。

第二节　农场特色：介于"企业"与"农村"之间的生产共同体

庆阳农场作为国有农场，是介于农村与城市之间非城非乡、非工非农、非企非政的经济单元、产业组织体系。它既是依法设立的独立核算、自负盈亏的农业企业，从地理环境、区位和人文条件看，又是一个空间跨度较大的农村社区。作为企业，庆阳农场还兼备所辖社区内社会和经济层面的行政管理职能。

2017年12月30日召开的深化农垦改革任务对接会提出，2018年是农垦改革攻坚克难的关键之年，也是落实"两个三年"任务的收官之年。各垦区要按照中央要求，切实抓好落实工作。要进一步加快国有农场办社会职能改革，尽快制订和落实工作方案，确保地方经费到位，妥善解决人员安置、资产债务移交等问题，平稳有序推进，严防国有资产流失；要进一步加快农垦国有土地确权发证，抓紧落实地方和农场工作经费，加快权籍调查，加强纠纷调处。要扎实推进农垦改革专项试点，注意总结推广好的经验和做法，示范带动面上改革。要在推动解决职工养老保险有关问题上取得新进展。会议中提出的这些问题基本牵涉到庆阳农场在产业扶贫工作中的各项问题。

一　历史悠久的国有制企业属性

庆阳农场与黑龙江垦区的其他农场一样，是在特定历史条件下为承担国家使命而建立和发展起来的，如今已经历70余年的开发建设和改革发展历程。它既是农垦企业，又是由从事农业及相关工作的职工构成的小社会，是介于"企业"与"农村"之间的生产共同体，拥有着历史悠久的国有制属性。成立以来，庆阳农场是以土地为基本生产资料，以农产品生产、加工、销售为主营业务的国有农业企业，农业经营管理体制和土地承包经营制度，是庆阳农场的基本经济制度。改革开放前，农场在农业经营上长期实行"统营统管、统收统支、统购统销"的计划经济体制，束缚了农场和职工发展农业生产的积极性，制约了生产力的发展。改革开放后，在农村联产承包责任制和国家对农垦企业实行财务包干政策的推动下，庆阳农场农业经营体制改革开始启动。

1985年以前，庆阳农场没有设立体制改革办公室，有关体制问题由劳资或计财兼管。1985年开始设立体制改革办公室，主管农场的体制改革工作，体制改革办公室主任一职多年来由劳动人事科科长兼任或其他科室负责人兼任。2009年体制改革办公室更名为政策研究办公室。

1979年，国家对农场实行"独立核算，自负盈亏，亏损不补，有利润发展生产，资金不足可以贷款"的财务包干体制，在农场（农垦）总局、管理（分）局的直接领导下，庆阳农场内部也开始实行以"包、定、奖"为中心的生产经营责任制。1982年，农业连队实行以机车为单位的大组承包政策，每个组 30~40 人、1 台拖拉机及配套的农机具，承包百余垧（1 垧 =15 亩）地。由于从大锅饭变成小锅粥，职工生产积极性没有充分调动起来，两年来普遍出现了挂账现象。1984 年，试办家庭农场，当年出现了万元户典型，家庭农场收入明显提高，为农业的下一步改革探索出希望之路。在此基础上，1985 年，农场又做出三项决定：一是兴办家庭农场。将全场实有耕地全部承包给独户职工，当年共有 600 余户职工家庭办起了家庭农场。农场初步建立起大农场套小农场的双层经营体制。二是转让农机具。将全场 217 台件农机具一次性作价转让给职工个人。三是转让房屋。将全场 38 栋共有 8660 平方米公有家属房作价转卖给个人。到 1986 年，庆阳农场大农场套小农场的双层经营体制基本建立，家庭农场已普遍成型。

1988 年，管理局对各农场实行场长承包经营责任制，局长代表管理局与各农场场长签订了"场长承包经营责任制"合同书，在经营利润、粮食生产、工业生产、畜牧生产、计划生育（出现一例计划外生育一票否决）、安全生产（出现一例安全事故一票否决）、精神文明等方面下达了指标，并按指标主次确定奖罚比例，根据指标完成情况予以奖罚。新的经营机制总的原则是承包经营，自负盈亏，盈利获奖，亏损受罚。农场为了全面完成管理局下达的各项指标，1988年 1 月 14 日下发文件对下属单位全面实行了承包经营责任制，强调把竞争机制、风险机制、法律机制和乡镇企业机制引入国有企业中来，实现经营机制的全面变革，增强各基层单位自我发展、自我完善、自我约束的能力，以适应社会主义商品经济新秩序的要求。全场各行业生产经营总的要求是全民所有，集体或个人承包，定额上交，自主经营，奖罚兑现。农业生产队的承包原则是：全民所有，以队承包，单独核算，自主经营，定额包干上交，盈亏分成（合同内指标超利润指标的，场得 50%，队得 50%；达不到利润指标的，场担 30%，队担 70%）。生产队再将合同指标分解到职工家庭农场，与家庭农场签订土地承包合同。同时要求家庭农场两费自理，规定生产资金、生活资金自筹解决，或凭家庭农场证书到银行贷款。核定外的当年开发性收入归生产队，农场一分不收。工业单位的经营管理办法是：全民所有，集体承包，厂长负责，定额上交，超利分成，完成有奖，亏损受罚。年初核定生产指标、财务指标和社会发展指标，签订合同，年终兑现，超利部分按 3：3：4 分成，即交农场 30%，企业利润留成 30%，员工奖金 40%。完不成核定指标的受罚，扣罚单位正副职工资最高不超过年工资额的 20%。

从 20 世纪 80 年代开始，庆阳农场先后办起了制药厂、砖厂、瓦厂、啤酒厂、乳品厂、果酒厂、饮料厂、木旋厂、粮食加工厂、修理厂、麻绒厂等工厂。从 1986 年开始，农场对工业企业实行"全民所有，集体承包，厂长负责，定额上交，超利分成，亏损受罚"的经营管理办法。在这一经营管理方式下，各企业在商品经济的大潮中努力拼搏，发挥自身的长处，在商战中学习商战，均取得较好的成效，为农场发展做出贡献。1992 年，农场以产权制度改革为重点，加大了推进场办企业经营机制转换的力度。全场认真贯彻总局体改委下发的《关于构建社会主义市场经济体制的若干意见》，进一步明晰了产权关系，使场内企业真正成为"自主经营、自我发展、自我约束、自负盈亏"的主体。在原来的产业基础上农场成立了庆阳农场实业总公司，下设9个分公司，经过清产核资，确定固定资产保值增值指标，合理确定租金，全面实行个人承包经营制，将所有权和经营权彻底分离，140余名农场管理人员划属企业。党的十五大再一次推动企业实施战略性改组，农场根据"一企一策、抓大放小"的精神对现有企业进行产权制度改革，使国有企业退出国有经营领域。

二　进行中的社会职能剥离

由于农垦系统的特殊性，庆阳农场历来兼有所辖社区内社会和经济层面的行政管理职能。由于地处乡村，远离地方经济政治中心，而自身又不是一个独立的行政单元，在这种历史条件下，出于农场社会、经济管理与发展的本能需要，自己出钱办政府、办社会。由于农场承担了许多本应由政府承担的社会性、行政性职能，形成了难以承受的"双重负担"，影响其自我积累、自我发展能力，这是垦区农场长期亏损的一个重要原因。2015年11月27日出台的《中共中央、国务院关于进一步推进农垦改革发展的意见》及2017年8月31日出台的《中共黑龙江省委　黑龙江省人民政府关于进一步推进黑龙江农垦改革发展的实施意见》提出，要改革农垦办社会职能。

根据改革精神，庆阳农场将采取整体移交、分步分项移交和内部分开、管办分离相结合的方式，将国有农场承担的社会管理和公共服务职能纳入地方政府统一管理范围，妥善解决其机构编制、人员安置、所需经费等问题，确保工作有序衔接、职能履行到位。就其承担的办社会职能，实行内部分开、管办分离；梳理整合办社会职能，与生产经营实行机构、人员、资产、债务、财务核算分开；农垦管理局经授权承担辖区内暂不能移交的社会层面行政管理职能，并随着职责移交不断精简机构编制和人员。通过积极争取政策支持，建立多渠道经费分摊机制。对农场办社会职能形成的债务进行甄别，凡属于政府应当偿还的债务按原隶属关系纳入政府债务统一管理，符合呆坏账核销条件的按照相关规定予以处理。

第三节　贫困特征：致贫原因与贫困类型

当前，庆阳农场扶贫工作已进入决战阶段，做好精准识别工作，摸清全场贫困户概况，科学识别贫困类型，分析致贫原因，是啃下脱贫攻坚"硬骨头"、打赢脱贫攻坚战的关键（见图2-1）。

一　基本生活概况

2016年，庆阳农场共有低保对象213户300人，已实现了"应保尽保""应退尽退""应补尽补"，全年发放低保金

图2-1 庆阳农场扶贫攻坚战标语

说明：除特别注明外，本书图片均为课题组调研期间拍摄于庆阳农场。

和高龄津贴1677163元。农场共有108名残疾人，其中享受残疾人重度护理补贴418人次，享受生活补贴518人次，以每月不低于100元的标准发放生活补贴。农场现有一名无人抚养人员，2016年为其发放8640元孤儿补助金，并实施低保补助，真正做到了孤儿不孤。

为了深入了解贫困户的生活状况，课题组根据庆阳农场在籍农户和贫困户统计数据，通过等距抽样，共抽取30户贫困户和30户非贫困户作为样本进行入户问卷调查，问卷调查主要从农户个体视角了解其客观生活状况和主观态度。

（一）土地经营状况

从问卷调查结果来看，贫困户的自有有效灌溉耕地明显少于非贫困户，其人均自有耕地面积尚不到非贫困户的一半，同时非贫困户人均经营的有效耕地面积达60.5亩，而贫困户则没有经营性耕地（见表2-2）。可见，来自土地的收入较少是贫困户的一个基本特征。

表2-2　2016年庆阳农场被访者土地经营情况

类别	贫困户	非贫困户
有效灌溉耕地（自有）（亩）	32.6（人均）	74.4（人均）
有效灌溉耕地（经营）（亩）	0	60.5（人均）
遭遇自然灾害（%）	无	10
经济损失（万元）	无	1.67（人均）

资料来源：精准扶贫精准脱贫百村调研 – 庆阳农场调研。

说明：本书统计图表，除特殊标注外，均来自庆阳农场调研。

另外，从农产品销售情况来看，贫困户家庭遇到的销售难题也相对较多（见图2-2、图2-3）。其中以农产品"价格下跌"最为常见（占"卖难"问题的20%）。

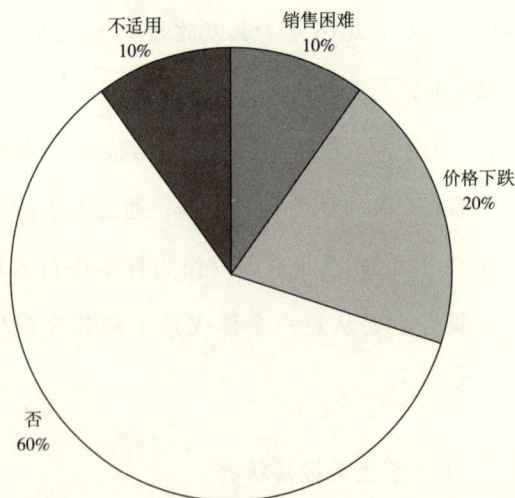

图2-2　2016年庆阳农场被访者主要农产品是否遇到"卖难"问题
（贫困户）

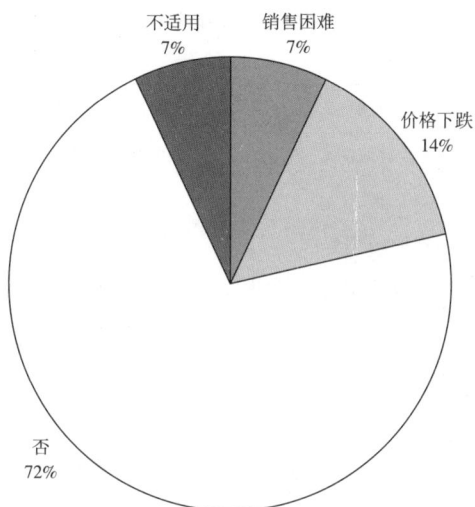

图2-3　2016年庆阳农场被访者主要农产品是否遇到"卖难"问题
（总体）

（二）主要收入与消费

从收入与消费角度来看，被访贫困户与非贫困户的差异也较为明显（见表2-3）。在家庭收入方面，贫困户家庭纯收入只有非贫困户的1/5不到，没有工资性收入，同时在农业经营性收入和非农业经营收入上也明显少于非贫困户。低保金收入是贫困户家庭的主要收入来源之一。另外，值得注意的是，从家庭贷款上看，非贫困户是贫困户的约5倍。这也从侧面表明贫困户在经营能力上有所欠缺，通过产业扶贫渠道脱贫的条件不足。

表 2-3　2016 年庆阳农场被访者家庭收入来源

单位：元

类别	贫困户	非贫困户
家庭纯收入	10502.00	56001.25
工资性收入	0.00	42826.09
农业经营性收入	9000.00	81800.00
非农业经营收入	5600.00	15285.71
低保金收入	6086.90	2200.00
家庭贷款	4413.79	22307.69

　　由于家庭收入绝对值低，来源渠道单一，自主性低，因此贫困户的收入感受要远远差于非贫困户（见图 2-4、图 2-5）。贫困户中认为收入"非常低"的占 70%，而这一感受在非贫困户中只占 7%，其对收入的满意程度也要低于非贫困户，贫困户基本对收入感到不满意，"很不满意"和"不太满意"的合计为 100%（见图 2-6、图 2-7）。

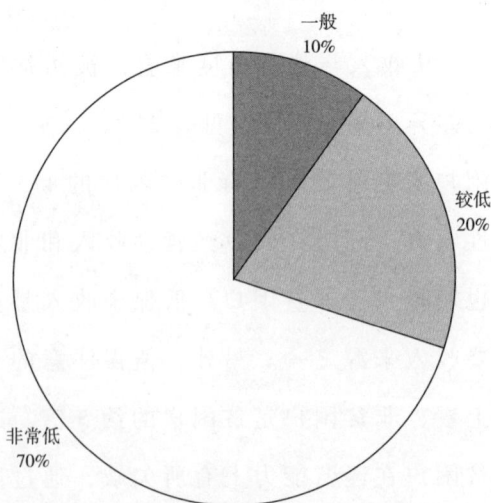

图 2-4　2016 年庆阳农场被访者收入感受（贫困户）

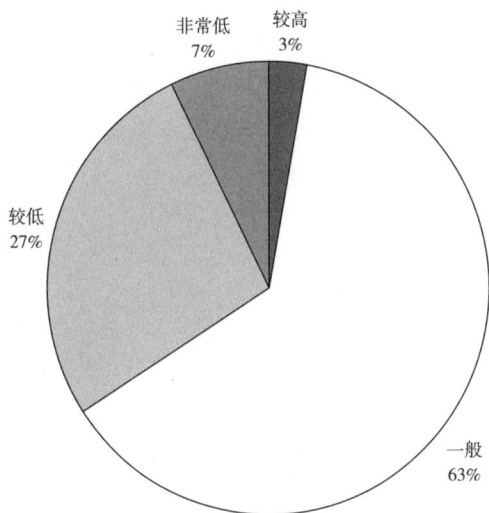

非常低
7%

较高
3%

较低
27%

一般
63%

图2-5　2016年庆阳农场被访者收入感受（非贫困户）

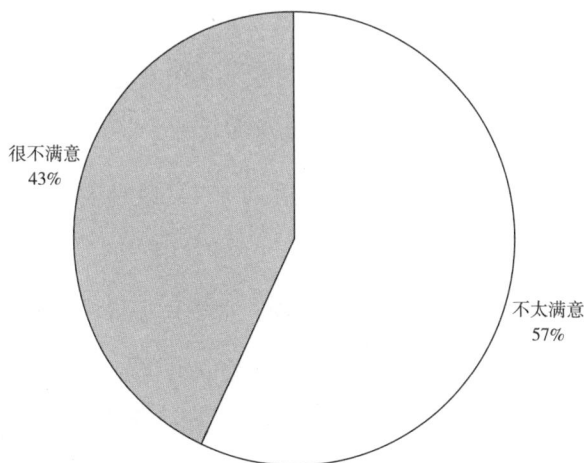

很不满意
43%

不太满意
57%

图2-6　2016年庆阳农场被访者家庭收入满意程度（贫困户）

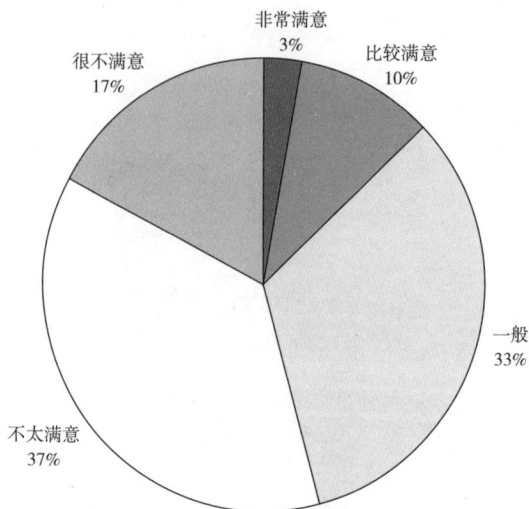

图 2-7 2016 年庆阳农场被访者家庭收入满意程度（非贫困户）

（三）基本生活条件

从基本生活条件来看，庆阳农场被访户平均居住建筑面积为 69.22 平方米。首先，基本住房情况方面，贫困户住房中属于危房的比例达到 32.1%（"政府认定危房"与"没有认定但属于危房"的合计），非贫困户的危房比例则只有 3.3%。在住房的建筑材料方面，贫困户住房中没有"钢筋混凝土"材料，而非贫困户中住房建筑材料为"钢筋混凝土"的占到 76.7%。其次，从主要取暖设施来看，贫困户以"炕"为主，而非贫困户则更多用上了较为现代的取暖设备。最后，在"淋浴""宽带"等改善型住房条件方面，贫困户也明显要比非贫困户差很多（见表 2-4）。

表 2-4　2016 年庆阳农场被访者基本生活条件

单位：%

基本生活	类别	贫困户	非贫困户
住房情况	状况一般或良好	67.9	96.7
	政府认定危房	7.1	0.0
	没有认定但属于危房	25.0	3.3
住房建筑材料	竹草土坯	20.0	0.0
	砖瓦砖木	50.0	16.7
	砖混材料	30.0	6.7
	钢筋混凝土	0.0	76.7
主要取暖设施	无	3.3	0.0
	炕	96.7	13.3
	炉子	0.0	3.3
	电暖气	0.0	3.3
	市政暖气	0.0	80.0
是否有淋浴	无	96.7	6.7
	电热水器	3.3	83.3
	太阳能	0.0	6.7
	其他	0.0	3.3
是否有宽带	是	10.0	90.0
	否	90.0	10.0

（四）生活满意度与生活幸福感

问卷调查除了从客观的收入、消费、生活条件等方面了解庆阳农场贫困户与非贫困户的差异，还从主观感受上进一步了解这种差异存在的程度（见表 2-5）。首先，就目前生活状况而言，贫困户的满意度基本为 0，对于生活幸福感的评价也为 0，这一指标与非贫困户相比有明显差异。其次，就对于家庭生活条件改善的评价而言，认为比 5 年前更差了的贫困户占 63.3%（"差一些"和"差很多"合计），

表 2-5　2016 年庆阳农场被访者生活满意度与幸福感测量

单位：%

类别	类型	贫困户	非贫困户
总体来看，对现在生活状况满意程度	非常满意	0.0	13.3
	比较满意	0.0	20.0
	一般	16.7	30.0
	不太满意	46.7	13.3
	很不满意	36.7	23.3
你昨天的幸福感满意度如何	非常满意	0.0	13.3
	比较满意	0.0	26.7
	一般	51.7	40.0
	不太满意	17.2	13.3
	很不满意	31.0	6.7
与 5 年前比，你家的生活变得怎么样	好很多	0.0	20.0
	好一些	10.0	26.7
	差不多	26.7	43.3
	差一些	43.3	6.7
	差很多	20.0	3.3
你觉得 5 年后，你家的生活会变得怎么样	好很多	0.0	16.7
	好一些	24.1	26.7
	差不多	27.6	16.7
	差一些	6.9	3.3
	差很多	3.4	3.3
	不好说	37.9	33.3
与多数亲朋好友比，你家过得怎么样	好很多	0.0	13.3
	好一些	0.0	13.3
	差不多	10.3	43.3
	差一些	41.4	20.0
	差很多	48.3	10.0
与本村多数人比，你家过得怎么样	好很多	0.0	3.4
	好一些	0.0	17.2
	差不多	0.0	48.3
	差一些	43.3	27.6
	差很多	56.7	3.4

类别	类型	贫困户	非贫困户
对你家周围的居住环境满意吗	非常满意	0.0	12.0
	比较满意	36.4	44.0
	一般	27.3	28.0
	不太满意	13.6	16.0
	很不满意	22.7	0.0

这一评价在非贫困户中只有 10%。但从另一个角度来看，认为 5 年后生活会有所改善的贫困户占 24.1%，非贫困户占 43.4%（"好很多"和"好一些"合计）。可见，从生活改善的信心度来看，贫困户也呈现信心不足的趋势。最后，对比多数亲友，贫困户感觉自己生活差的占 89.7%（"差一些"和"差很多"合计）；对比本村多数人，贫困户感觉自己生活差的占 100%（"差一些"和"差很多"合计）；贫困户对周围居住环境不满意的占 36.3%（"不太满意"和"很不满意"合计）。由此可见，无论是从主观幸福感、对未来的信心度，还是与他人比较来看，贫困户都处于较强的"不满意"状态。

二 贫困类型

经识别为贫困户，有劳动能力、有致富意愿和基础、能够正常从事生产经营活动，但因能力、资金、技术、信息、管理等因素制约，或因病、因学、因灾等造成生活困难的群众为一类帮扶贫困对象；其余为二类帮扶贫困对象。

三 致贫原因

（一）工厂改制造成下岗失业

工厂改制造成的职工下岗失业是庆阳农场贫困户的重要致贫原因之一。从 20 世纪 80 年代开始，庆阳农场相继办起了制药厂、砖厂、瓦厂、啤酒厂、乳品厂、果酒厂、饮料厂、木旋厂、粮食加工厂、修理厂、麻绒厂等工厂。1992 年，庆阳农场以产权制度改革为重点，加大了推进场办企业经营机制转换的力度。场办企业的改制乃至解体，造成了部分职工的下岗失业。由于这些职工当时的身份是工人，不拥有土地，只能给人打短工，这成为庆阳农场贫困户的重要致贫原因之一。

（二）长期患病或突患疾病和重病

部分贫困户为长期生病人员或重大疾病患者，由于丧失劳动能力，不能通过劳动获得收入，而医疗费用又居高不下，甚至会因此债台高筑。这类贫困户因为长期积累的医疗费用和长期生病被压得喘不过气来，自身无能力和信心摆脱贫困。从问卷调查数据来看，患病是最主要的致贫原因之一。

2016 年，被访户家庭中有成员身体不健康的占到 64%（见图 2-8）。所患疾病中较为"严重"的占 74.4%。在此情况下，被访户因病产生的治疗总费用平均为 1.18 万元，其中自费的费用平均为 1.02 万元，患病家人没有得到治疗（90.9%）的主要原因是"经济困难"。

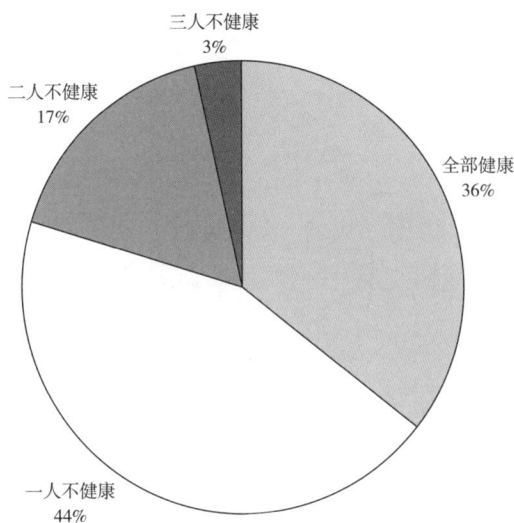

图 2-8　2016 年庆阳农场被访者家庭成员身体健康状况

（三）缺乏劳动力，家庭成员年老或残疾

部分贫困户家庭中，有残疾人、体弱或年老丧失劳动能力的成员，他们对家庭没有收入的贡献，同时会增加支出，导致家庭 1 长期陷入贫困之中，难以脱贫。此类贫困户很难通过自己的努力脱贫，需要政府和社会向他们提供救助。从问卷调查数据来看，因残疾和上学导致缺乏劳动力也是主要的致贫原因之一（见图 2-9）。

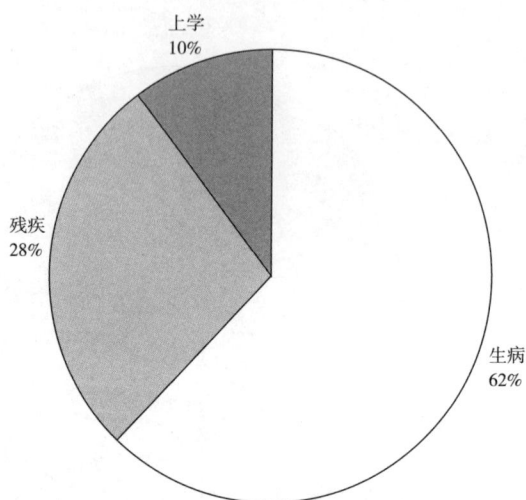

图 2-9　2016 年庆阳农场被访贫困户主要致贫原因

第三章

"混合所有制经济改革"打造 "三位一体"的产业运营模式

庆阳农场作为农垦系统下的国营农场，与普通乡村既有相似之处，又有着本质的区别。在产业扶贫过程中，庆阳农场发挥农场建制在基础设施方面的优势，采取招商引资—经济合作组织—家庭农场"三位一体"的模式进行规模化生产，多角度互相带动，最大限度地弥补了单一发展的缺陷。

第一节　农场建制的集体经济

农场与普通农村最大的区别是有统一的指导和规模化

经营，在农业技术上，有专门的农技部门并且能够得到外部专家更多的支持，同时农垦系统也会有专门的政策和内部支持。在基础设施方面，通过几十年的积累，农垦系统的基础设施完备。在人员方面，农场能够吸引高学历、高素质人才，这是普通农村绝对不具备的优势。农场本身也能培养各阶段的人才，从小学到高中，甚至农垦系统本身便拥有八一农垦大学。

一　产业发展方面

庆阳农场仅在 2016 年水稻育秧大棚建设项目中，便计划建设育秧大棚 177 栋，开挖棚间沟 8.85 千米，计划总投资 230 万元，其中，中央扶贫财政资金 200 万元，自筹资金 30 万元。实际建设 174 栋大棚，开挖棚间沟 8.85 千米。为了推进农场有机农业配套设施建设，2016 年农场小型农田水利建设项目投入资金 280 万元；小型农田水利建设补助项目投入资金 300 万元；高标准农田项目投入资金 990 万元，正在进行基础农田、水利工程改造。总投资 3278.26 万元的庆阳农场第四、第五管理区土地整治项目已完成总形象进度的 90.29%。庆阳农场投资 228 万元，对第四管理区两处大棚基地进行建设，共计建设 177 栋，并于当年交付使用。50 万只肉鸭标准化养殖场项目已建设完成。完成了一队至渠首道路工程以及二道桥改造工程。2.5 万吨粮食仓储续建项目已经投入使用。

二　资金政策方面

根据农业部农垦局《关于编制 2017 年扶贫项目可行性研究报告的通知》要求，为加强贫困农场基础设施建设，促进经济社会发展，国家扶贫资金重点用于基础设施建设和生产发展，扶持贫困农场种植业等生产发展项目以及相关技术推广和培训等方面的项目。庆阳农场是垦区"十三五"规划中正式列入的黑龙江省农垦总局所属贫困农场，这为农场争取到更多的资金和政策倾斜。

三　基础设施方面

农场交通比较便利，各个管理区都有通往场部的公路，林区道路也在逐年改善，基本以砂石路为主。生产用电供应充足，特别是扶贫项目基地的选址，紧邻农场的供电局，方便项目建设并满足工厂职工生产生活的用电需要。为夯实现代农业发展基础，2017 年完成第四、第五管理区土地整治项目；有计划地对田间道路、沟渠进行维修与疏通。提高抵御自然灾害的能力，保证种植业稳产稳收，加快优质农产品基地建设（见图 3-1）。

四　技术支撑方面

黑龙江农垦科学院是农场的技术依托。该院是国家和黑龙江省为了发展农垦事业，加快三江平原、松嫩平原的开

图 3-1　近年庆阳农场基础设施建设

（庆阳农场提供）

发与建设，于 1979 年 7 月 21 日成立的一所科学性、综合性农业科研机构。①

五　民生保障方面

为更好地向职工提供优良的就医环境，进一步完善医院基础设施建设，2016 年庆阳农场投资 100 万元对医院进行维修，并于当年完工且交付使用。2016 年国家预算项目及垦区土地出让金项目配置等，筹划对医院投入 139 万元进行设备购买，逐步更新完善院区先进医疗设备。对学校投入 348 万元，购置教学仪器、设备等，完善了学校教学的硬件设施。续建项目保障性供暖工程、供水工程等已经投入使用。

---

① 该院现有职工 2891 人，有农学、农机、园艺、生化、畜牧、兽医、食品加工、电子计算机等 30 多个专业的 874 名科技人员，其中研究员 25 名，副研究员 185 名。

第二节　招商引资的私营经济

引进外部资本和先进管理经验发展本地经济是改革开放 40 年来被证明行之有效的经济发展方式。农场的产业发展和产业扶贫同样不能单单依靠国家和上级的扶持以及自己的努力，也需要在相关方面吸引投资。

庆阳农场积极探索各种招商引资方式，鼓励吸引外部资金和私营经济与农场共同发展，特别是在"鸭、稻、果、药、菌"五大产业方面。

2010 年，农场为进一步扩大水稻特色种植和标准化生产的面积，将水稻精深加工作为加快农业产业化的重点工作，与北大荒集团共同投资约 1.17 亿元建设了北大荒绿洲米业，借助北大荒品牌抢占高端米市场，带动了农场及周边一市三县 300 万亩有机水稻基地的建设，"公司 + 基地 + 农户"的产业模式基本形成。

2011 年，黑龙江延寿县与庆阳农场签约共建国内最大的树莓加工项目。该项目由庆阳工业园区与哈尔滨仁皇药业股份有限公司共同开发，以当地丰富的树莓资源为依托，主要从事树莓、山野菜、药材等产品的精深加工，研制生产高端产品，做强树莓产业，做精树莓产品，做大树莓市场，双方总投资 1.5 亿元。据了解，项目建成后可实现产值 4 亿元，带动农场职工及周边农民 3400 余人实现间接或直接就业，农场树莓种植户共计可增收 4000 万元。预计未来十年将使树莓产业原料生产基地由现在的 4000 亩提升到 1

万亩，形成亚洲最大的树莓原料及系列产品供应基地。

2013年，庆阳农场坚持绿色、有机、生态的原则，加强绿色安全食品基地建设，已建成规模1000亩的有机稻种植基地1个，建成种植面积6000亩的高端、优质稻生产基地1个。

2015年春季，与蓝天食用菌菌业签订食用菌包购销协议，同时完成9栋连体大棚建设，建立4个木耳种植栽培基地，分别为六队连体大棚基地（挂袋100万袋）、五号浸种催芽基地（栽培90万袋）、第二管理区育秧基地（栽培40万袋）、川杰合作社基地（栽培20万袋），累计完成250万袋木耳的栽培管理。新建的六队连体大棚基地作为大学生创业园区，帮助大学生增加基层工作经验，提升就业创业竞争力。2016年该农场新引进大学生、复转军人和下岗再就业人员16人，主要通过基地的日常管理工作，增加其基层工作经验。良好的科技创新与产业化示范，带动庆阳农场食用菌产业的快速发展，推动农业生产结构的调整，增加职工收入，促进庆阳农场经济的可持续发展。

经过近两年的发展，积累了一定的种植经验，食用菌产业已形成规模，并专门为木耳生产投入专项资金。为扎实有效地做强黑木耳产业，2017年初农场与蓝天食用菌菌业多次商议、洽谈，蓝天食用菌菌业在农场新建菌场一处，起名为哈尔滨农垦庆阳蓝天食用菌菌业，现已全面开工，12月正式投入生产。在良好的环境与条件下，农场进一步扩大木耳种植规模，在2015年经营250万袋基础上，计划每年增加50万袋（2016年300万袋，2017年350万袋，2018年400万袋，2019年450万袋，2020年500万袋）。

第三节　农村经济合作组织

党的十八大提出要加快推进工业化、信息化、城镇化和农业现代化的深度融合，发展农民专业合作组织，培育新型经营主体，发展多种形式的规模经营，构建集约化、专业化、组织化、社会化相结合的新型农业经营体系。这是未来一个时期我国农村生产经营方式转变的方向，其中着力发展农村新型经济合作组织是一项重要内容。

庆阳农场也鼓励农村经济合作组织的发展，出台相关扶持举措，鼓励职工和农民成立合作组织，鼓励发挥合作社的龙头牵动作用。推进土地经营权有序规范流转，积极构建新型农业经营体系，培育合作社，提高规模效益。整合现有合作社，注重数量与质量均衡发展，促进合作社由数量型向质量型转变。坚持把推进各类专业合作社建设作为农场农业核心工作，引导各类专业合作社的发展，规范各类专业合作社的组织和行为，保护专业合作社及其成员的合法权益，农场将采取引进龙头企业与农场、农场职工群众共同发展的模式，依靠科技与创新，建立机制，规范运作，完善管理，强化服务，促进农业经济发展和职工群众增收。如2016年3月起，庆阳农场引入民营资本，与"哈尔滨农垦涵之稻水稻种植农民专业合作社"达成战略合作关系，并与延寿县地方政府牵手，流转地方集体所有土地，打造农业和林业全生态循环经济产业链。

第四节　家庭农场的个体经济

2013 年中央一号文件提出，"坚持依法自愿有偿原则，引导农村土地承包经营权有序流转，鼓励和支持承包土地向专业大户、家庭农场、农民合作社流转，发展多种形式的适度规模经营"。未来的农业发展中，专业大户、家庭农场、农民合作社等将成为国家重点支持的新型农业组织形式。其中"家庭农场"作为现代农业经营组织的基础，第一次出现在中央一号文件之中。

家庭经营的优势并没有随着市场经济的发展而丧失，而是表现出极强的适应性。纵观世界发达国家的农业组织形式，无论其规模大小和类型如何变化，家庭经营都是最基本的组织形式，这是由家庭经营适应农业生产的特性所决定的。而家庭农场的出现，为家庭经营开拓了更为广阔的发展空间，彰显了农业家庭经营的无限生命力。[1]

从历史上看，长期以来我国农业发展的逻辑是所谓的"内卷化"，即在人口压力下，也就是说在土地不足的情况下，一个农户会为生存需要而在土地上继续投入劳动，直到其边际报酬下降到近乎为零。而一家资本企业只是一个生产单位，它会在边际报酬降低到低于市场工资时，停止雇用劳动力。正因为这样的组织性逻辑的不同，华北、江南的传统家庭经营所得到的单位面积产量是高于经营式农

---

[1] 朱启臻、胡鹏辉、许汉泽：《论家庭农场：优势、条件与规模》，《农业经济问题》2014 年第 7 期。

场的，但按照每工作日计算，其劳动生产率则要低于经营式农场，这就是所谓"内卷化"的基本含义。农业的内卷化现象是同当地人口过剩的事实紧密联系的。[1]

庆阳农场与黑龙江农垦系统其他农场的区别之一便是"人多地少"，所以"内卷化"这一命题在这里是有较为明显的体现的。这使得比较来说家庭农场在一定程度上也优于过大规模的经营生产方式。

庆阳农场现在的生产方式主要是家庭农场，所以在政策支持上力度很大。以金融为例，农场提供了集信用信息服务、专业担保、融资信贷于一体的服务平台，吸引农村信用社进驻农场，农场职工贷款需经过管理区信誉认可，由审核合格的合作社或有公职身份的人员担保，经由农场协调信贷机构，方便职工贷款，逐步建立起较为完整的金融服务体系。

在家庭农场发展的实际中，他人的帮助与支持是正常的，如季节性短工和亲戚朋友的帮忙、志愿者的支持与帮助等，但这些不会改变家庭农场的性质。[2] 家庭农场在用工季节是需要雇用短工的，庆阳农场在这一点上会鼓励优先雇用贫困家庭人员，从而增加他们的收入，再结合农场方面提供的清扫街道等工作岗位、菌类生产需要的用工等，这样每年庆阳农场内有大量的工作岗位提供给困难群体。

[1] 朱启臻、胡鹏辉、许汉泽：《论家庭农场：优势、条件与规模》，《农业经济问题》2014年第7期。

[2] 朱启臻、胡鹏辉、许汉泽：《论家庭农场：优势、条件与规模》，《农业经济问题》2014年第7期。

第四章

"复合型产业运作"催生农业
资源生态循环利用模式

　　庆阳农场在产业发展和产业扶贫过程中，运用了一种复合型产业运作方式，即具有"见缝插针"特色的"立体"发展模式，在既定的环境中更多地增加生产、使职工和农户增收。具体做法是在稻田中养鸭的"鸭稻共育"、在果树下种植中草药的"果药套种"，利用育稻大棚空闲期进行木耳种植以及鼓励农闲时间进行多种经营等。

第一节　"鸭稻共育"的农业试验

　　庆阳农场位于黑龙江省水稻主产区，土壤肥沃，生态良好，是垦区最早种植水稻的农场。主要种植垦稻12、稻花香、东农428等最适宜本地区的五个"当家品种"，农场采用"稻鸭共存"的新型水稻种植技术，引进河北白洋淀白鸭，在稻田中养鸭除草、除虫，同时将鸭子的排泄物直接作为天然肥料，进行水稻的生态有机种植。目前，农场已建成有机稻种植基地和高端、优质稻生产基地。与北大荒集团共同投资建设北大荒绿洲米业，借助北大荒品牌抢占高端米市场，带动农场及周边有机水稻基地建设，基本形成"公司＋基地＋农户"的产业模式。

一 水稻种植

庆阳农场在水稻种植方面有着悠久的历史，是垦区第一个种植水稻的农场，素有"北大荒第一犁"之称。1983年，庆阳农场引入方正县水稻旱育稀植技术并示范成功；1984年，在全分局各农场相继推广。1985年，庆阳农场旱育稀植面积占水稻总播种面积的85%。2010年，农场为进一步扩大水稻特色种植和标准化生产的面积，将水稻精深加工作为加快农业产业化的重点工作，与北大荒集团共同投资约1.17亿元建设了北大荒绿洲米业，借助北大荒品牌抢占高端米市场，带动农场及周边一市三县300万亩有机水稻基地建设，"公司＋基地＋农户"的产业模式基本形成。2013年，农场在坚持绿色、有机、生态的前提下，加强绿色安全食品基地建设，已建成规模1000亩的有机稻种植基地1个，建成种植面积6000亩的高端、优质稻生产基地1个（见图4-1）。经中国农业科学院农产品加工研究所（原子能利用研究所）检测，庆阳农场有机大米抗氧化能力是普通大米的2倍，钠的矿元素含量是普通大米的3倍，硒的矿元素含量是普通大米的30倍（硒的主要作用是防癌抗癌、抗衰老、提高人体免疫力）。现在农场拥有认证水稻有机土地4万亩，在地方（农场外）租种水田5000亩。

图4-1　庆阳农场生态水稻生产基地
（庆阳农场提供）

农场还引资500万元安装视频监控农产品质量安全追溯系统，实现水源地、催芽基地、育苗基地、田间等整个生长周期的可视频追溯。将水稻生产各个环节的技术操作数字化，以实现利用指挥平台监控田间水稻生育过程，由专家进行诊断指导。将画面适时由互联网传输到每台电脑的终端，达到随时监督查看田间水稻长势及农事活动的目的，进一步拓展了营销渠道，同时确保了网上销售大米的质量安全，实现了农业生态循环的可持续性。

二 "鸭稻共育"

除草、除虫、无害化是有机水稻生产的重要环节，经过实验，每亩地放养 15~20 只鸭子用于除草、除虫，完全可以做到不施用农药而达到稻田除草、除虫的目的。生态有机鸭初步定价为 50 元 / 只，鸭子可以进行深加工，鸭子的羽毛卖给制衣厂，每只鸭子的利润可达到 25 元，从而可实现每亩增收 400~500 元的效益（见图 4-2）。

图 4-2　记者对庆阳农场的稻田养鸭户进行采访

（庆阳农场提供）

庆阳农场引进的是河北白洋淀白鸭，抗病力强、适应性强，耐水性好、行动灵敏、浑水效果好，野食能力强，除虫、除草能力强。鸭子虽然吃杂草，但是不吃稻叶。鸭子的夜间能见度高，喜欢在夜间集体活动吃草。夜间人们一靠近它们，它们就飞快地从池埂跑到田内，不易被盗。鸭苗养到 10 日就可以放入田中，平均每公顷（1 公顷 =15 亩）大约放置 300 只。田里的杂草和害虫等并不足以填饱鸭子的肚皮，工作人员每天早晚要进行两次喂食：早上只喂五成饱，好让鸭子还有足够的食欲去捕捉害虫等，晚上喂八成饱。

鸭子排泄的粪便可直接用作稻田肥料，排泄的粪便随鸭子活动搅拌，易于吸收，肥料利用率高，肥效显著。鸭棚里的鸭粪不仅可以发酵制作成良好的生物有机肥料，满足水稻生长的肥料需求，还可以发酵做成很好的动物饲料。鸭粪是常规畜禽粪便中营养价值高的，因为其肠道相对于牛、羊、鹅、猪而言太短，食物在肠道中逗留的时间不长，所以饲料的养分一般只能吸收 1/3 左右，大部分从直肠排出体外，从而"排出去的粪便"都是宝。鸭粪的粗蛋白含量约 28%，纯蛋白 13%，总氨基酸 8%，且各种氨基酸比较平衡，此外还含有丰富的 B 族维生素和多种微量元素。所以，鸭粪是廉价的低能蛋白饲料，用鸭粪代替部分蛋白原料，再补充一些能量饲料，能大大提高畜牧养殖业的经济效益，并且能减少污染，净化环境，形成生态可循环产业链。

第二节 "果药套种"的生态尝试

庆阳农场在资源生态循环利用上的第二个重点是"果药套种"。其中"果"指的是树莓;"药"指的是适应当地环境,并适合在林下种植的中药材,以板蓝根、防风、平贝等为主。

一 树莓种植

庆阳农场从 2006 年开始开展引进欧洲红树莓的探索,截至 2016 年,拥有树莓苗木繁育基地 1 个,年繁育能力500 万株。农场树莓种植面积为 800 公顷,年产树莓 380 吨。由于树莓腐烂变质较快,需对鲜果进行冷冻加工,每年进行冷冻加工的鲜果为 350 吨。仅此一项每年能够增加常年就业人数 100 余人,果实收获季节能提供季节性临时用工岗位约 4.5 万个。在选择工人时,会优先聘用贫困职工、贫困人口和家庭有困难人群。

从产业发展和产业扶贫角度看,庆阳农场种植树莓(见图 4-3)具有五个主要优势。

一是地理区位优势。红树莓是喜寒植物,黑龙江纬度高、日照足、昼夜温差大,非常适合这类浆果营养成分的积累和各种维生素的合成,果实的风味也较好。这都是黑龙江相对于其他地区的优势,树莓很适合在黑龙江种植。黑龙江省尚志市素有"三梅之乡"的称号,而庆阳农场恰

图4-3 庆阳农场树莓基地和树莓
（庆阳农场提供）

恰处于包括尚志市在内的三县市交叉地带，从全国的角度看也是最适合种植树莓的地区之一，非常适合发展树莓特种浆果业，这标志着，该地区比黑龙江省内其他地区有更为明显的优势。这是庆阳农场发展树莓种植的主要依托和得天独厚的优势。

二是生态资源优势。庆阳农场位于张广才岭西麓，山清水秀、土壤肥沃、雨水充沛，是寒温带大陆性季风气候，年积温、年光照、无霜期等自然条件适合各种农作物生长。现有山坡荒地660多公顷，无工业污染，也无化肥农药残留，还有三面环山耕地1000余公顷，是建设规模化有机林果基地、发展生态农业示范园的理想场所。这是庆阳农场发展树莓种植的主要基础和保障。

三是产业基础优势。首先是种植效益好。以农场小浆果有限公司为例，2010年从欧美引进优良树莓品种——"欧洲红"，第二年即挂果，第三年开始进入盛果期。盛果期树莓商品经济产量达每公顷15.9~22.5吨，每公顷收入可达4.5万~6万元，相当于种植常规作物收入的4倍以上，同时对树莓果实进行了深加工，出口到十几个国家，经济效益十分可观。而且目前树莓在国内市场缺口大，市场发展空间巨大。其次是组织化程度高。树莓是劳动力密集型产业，世界各国树莓生产的突出问题是果实采收劳动力成本过高。而庆阳农场人口密集，周边乡镇人力资源丰富，发展树莓产业可有效将人力资源转变为经济优势。最后是技术力量强。树莓产业是庆阳农场特色支柱性产业之一。选地、整地、选种、修剪、肥水管理、越冬防寒等技术环节均按有机树莓标准进行操作，与台湾海峡协会合作，进行了有机树莓认证。[①]

四是技术优势。庆阳农场 2015 年栽植树莓面积为 1 万亩，2016 年增至 1.252 万亩，其中 7400 亩为机械采收，2014 年农场从国外采购树莓采摘机两台，通过借鉴学习，已经开发出同类样机两台，初步实验获得成功。这为实现树莓机械化采摘、降低人工采摘成本提供了保障，由于采收成本的下降，树莓盛果期来临时，突破劳动力瓶颈的树莓市场竞争力也将大大提高。

五是龙头企业引领优势。近年，庆阳农场与十力农业公司合作，形成"龙头企业＋基地＋农户"的市场化运营机制，将树莓种植引向专业化、产业化的发展轨道。加强树莓种苗的繁育与研发，培育出更多适合该地区的高产优质品种，并且进行推广。同时，加大树莓产业科技人员的培训力度，确保有充足的技术人员参与到种植和技术指导当中，提高种植效益，抢占国内市场，扩大国际出口，取

---

① 范桂萍：《浅谈黑龙江省庆阳农场树莓种植优势与发展对策》，《现代化农业》2017年第5期。

得了可观的经济效益和社会效益。

庆阳农场也不断加强树莓产业各项配套体系建设，增强速冻生产加工能力，按照"标准化繁育 + 科学化管理 + 规模化加工 + 互联网销售"的完善方向，围绕打造全产业链，形成一体化经营模式。进而，带动区域经济整体提升和实现产业扶贫效果。

庆阳农场在垦区"十三五"规划中正式被列入黑龙江省农垦总局所属的贫困农场，2017 年庆阳农场开展树莓深加工项目建设，其中包括速冻冷库、储物库房、加工车间，以及树莓加工设备、速冻设备；每年可新增速冻树莓产能3000 吨。该项目总投资额为 650 万元，其中申请国家扶贫资金 571 万元，农场自筹 79 万元。项目建设完成后预计可安排农场下岗职工 50 人。

二 中药材种植

庆阳农场位于完达山支脉张广才岭西麓，因为独特的地理位置和辖区内受自然小气候的影响，山药材资源丰富。野生药用植物有 200 多种，如人参、党参、平贝、百合、刺五加、满山红、穿地龙、黄花、黄檗、五味子、苍耳子、车前子、龙胆草、细辛和冬青等。

农场中药材的人工种植以林下为主，主要品种为刺五加、平贝、五味子等。利用农场地理位置和生态优势发展的林下立体种植模式，是农林行业实现资源共享、优势互补、循环相生、协调发展的生态农业模式，具有经济、社会、生态三重效益。林药模式是在未郁闭的用材林、经济林等树林下种植较为耐荫的药材。通过间作，林木为药材提供隐蔽条件，防止夏季烈日高温伤害，同时林下间作的药材采用集约化的精耕细作，有利于改良土壤、增加肥力、促进林木生长。林下立体种植模式是协调发展的生态农业模式，是提高林业综合效率以及增加农民收入的有效途径。

选择中药材品种时应考虑是否适合当地气候条件、土壤条件、灌溉和排水条件等。比如在灌溉难度大的林下种植，宜选择抗旱品种；而对于一些怕渍水的品种则可以安排在有坡度的林下种植。一般首选当地的道地药材品种，其既有一定的栽培技术又有一定的市场。庆阳农场主要种植品种有刺五加、平贝、五味子等。

庆阳农场在未来若干年将着重发展林下药材种植，并做出了相关规划，详见表4-1。

表4-1　庆阳农场林下药材种植规划

单位：亩，万元

药材品种	计划种植面积	2018年预计总产值	2018年预计净利润
五味子	1000	100	30
刺五加	20000	2000	500
平贝	1000	2500	1000
北斗根	1000	1000	500
林下参	500	1000	400
板蓝根	1000	200	30

资料来源：庆阳农场。

从表4-1可见，该农场对于中药材种植有整体的规划和发展目标。这部分工作同时涉及多方面问题，需具备典型的产业眼光，从产业扶贫的视角看意义也很重大。

三 "果药套种"的产业发展优势

"果药套种"的产业发展优势主要有六个。

一是在林区实行林药间作，不仅有利于药材生长，提高药材的药性和品质，无污染，完全是绿色产品，比普通模式下种植的药材更有优势，而且可通过整地、除草、松土等，实现抚育幼林，促进林木迅速生长、丰产。同时，在林区发展中药材产业有许多有利条件，药材一般有喜阴的特性，而林木又是天然的庇护物，林下种植有利于药材生长。

二是合理利用土地，调整农业产业结构。通过"果药套种"的方式，对土地进行充分合理的利用，而不侵占农民可耕土地，可提高土地使用率和土地生产效益，调整农业产业结构，更合理地发展农业。

三是帮助农民致富创收，达到生态保护效益和农民经济效益双赢的目的。这为当地农民提供了新的致富途径，帮助当地农民增收，同时农民在管理药材的同时（包括施肥、浇水、中耕除草、除虫）林木也得到了管理，有利于林木生长，可以形成一种"以林养民，以民养林"的循环模式。

四是可以为政府、为农民提供致富的新思路，可以利用防护林、果园等，在国家政策范围内因地制宜地种植喜阴的药材及食用菌等，以增加收益。

五是有利于改善种植区域农业生态小气候。在荒山荒坡上将中药材与林木结合种植,防风固土、涵养水源、保持水土,可快速恢复植被,治理荒山。实现经济发展与环境友好同步,促进农业可持续发展。

六是形成种植优势。经过多年摸索实践,庆阳农场形成了一整套成熟的树莓栽培管理技术,将逐步形成种植优势。5条垄中有1条垄种植树莓,其余4条垄可以发展林下种植业和林下养殖业,以短期的经济效益补足树莓前期无法获利的弊端。树莓栽植后第二年可具有一定的经济产量,3~4年进入盛果期,经济寿命可达15~25年,树莓亩产量可达1000千克,可实现产值8000元,每亩栽植、抚育管护和采摘费用约3500元,经营树莓每亩可收益近4500元。

第三节　育稻大棚空闲期的木耳种植

庆阳农场发展特色产业、推进产业扶贫的第三个举措是木耳种植(见图4-4)。其特色有三:一是利用育稻大棚空闲时间种植木耳;二是木耳的菌包为树莓果树秸秆制作而成;三是吸收生活困难人员做工。

2016年5月20日,农业部办公厅下发了《关于下达2016年直属垦区财政扶贫资金项目计划的通知》(农办垦〔2016〕12号),批复了2016年庆阳农场水稻育秧大棚建设项目的投资计划;2016年7月12日,黑龙江省农垦哈

图4-4 利用育稻大棚空闲时间种植木耳
（庆阳农场提供）

尔滨管理局扶贫开发办公室下发了《关于2016年庆阳农场水稻育秧大棚建设项目实施方案的批复》（哈垦扶贫字〔2016〕3号），批复了2016年庆阳农场水稻育秧大棚建设项目的实施方案。批复项目计划投资230万元，其中国家扶贫资金200万元，农场自筹资金30万元。批复建设规模及主要建设内容：建设育秧大棚177栋，总面积92.5亩，开挖棚间沟8.85千米，其中育秧大棚Ⅰ型70栋（35米×9米），育秧大棚Ⅱ型23栋（45米×9米），育秧大棚Ⅲ型42栋（50米×8米），育秧大棚Ⅳ型42栋（40米×8米），开挖棚间沟8.85千米，底宽0.5米，深0.5米，边坡1∶1.5，挖土方5531立方米。建设地点位于庆阳农场第四管理区。

2016年，农场大棚得到二次利用，农场与亚布力林业局庆阳经营所合作经营，发展食用菌产业，摆栽黑木耳菌袋300万袋。

大棚的二次利用方式主要是将"水稻秸秆和树莓秸秆"作为食用菌基质，以发展食用菌袋摆栽为主，全场有880栋水稻育秧大棚（60米×6.5米），可以摆栽食用菌800万袋，每袋食用菌生产效益0.5~1元。大棚二次利用可增加职工收入400万~800万元。为保证食用菌袋的生产供应，农场通过招商引资，利用废弃闲置的老奶牛场，筹建食用菌袋场一处。通过食用菌袋场的筹建，盘活了闲置资产，解决了秸秆的无害化处理问题，解决了外购菌袋成本较高的问题。农场小浆果公司负责以保底价60元/公斤收购采收的干木耳产品。另外，将出完菌的废弃菌袋通过去皮粉碎用作有机水稻育苗的基质和生产有机肥的原料，实现废弃菌袋的无害化处理。

第四节　农闲时间的其他多种经营实践

东北地区拥有漫长的冬季，所谓"半年冬天半年夏"，致使农闲时间非常漫长，所以有民间谚语说"一个月过年，两个月要钱，三个月种地，六个月干闲"。如何处理好农闲时间，不把这段宝贵的时光浪费在无意义的"猫冬"甚至是有负面意义的赌博等行为上，是非常值得思考的。由于东北地区农闲时间长，在产业扶贫上，利用好这段时间能够对农场职工和普通农户的增收起到很大的作用。

农业在客观上受到自然节律的影响，这便逐渐形成了相对固定的"农事节律"，在"农事节律"影响下人们的乡村生活也逐渐形成了固定的"乡村生活周期"。从扶贫增收的角度看，利用农闲便可以从"农事节律"和"乡村生活周期"两个层面分析。农事节律大致为准备、生产、收获、销售、休息等环节，传统上人们更关注的是农产品的生产过程，而在销售上则显得比较被动。从"乡村生活周期"这个角度看，东北的农业生活大致分为从事农业生产的时期和农闲时期。由于东北地区人们在传统和性格等方面形成的习惯，其在漫长的冬季农闲时期真的处于"闲"的状态。那么，从扶贫增收的角度来说，从销售和善用农闲时间入手便成为一个很好的途径了。

一是在粮食收获完成后，农场职工和普通农户面临的最重要的事情便是等待"粮贩子"上门收购，基本处于被动状态。然而，庆阳农场有一部分人在此期间化被动为主动，承担起农产品经纪人的角色。

在产业扶贫和培育市场主体地位的过程中，农产品经纪人具有三个主要的优势。一是能够弥补劳动力短缺。现在的农产品经纪人已经从与农民单一的购销关系，发展为从生产源头开始的多种合作关系。有的农产品经纪人积极参与机耕、防治、收割等生产流程，根据农民的需要随时上门服务，极大地提高了劳动生产率，弥补了农村劳动力的短缺。二是解决了售粮难题。每当收获季节，农产品经纪人不仅帮助农民抢收、抢种，而且还将收获的农产品就地过秤、付款，减少了农民出售农产品的劳动量，方便了农民售粮。三是加强了农商联系。粮食的特殊性决定了收购站点不可能密集地设在农村的每一个角落,粮库工作人员也不可能挨家挨户上门收购。农产品经纪人则充分利用其机动灵活、能够吃苦的优势,将千家万户的粮食源源不断地输送进国有粮库和粮食加工企业,成为沟通千家万户与粮食企业的桥梁。①

特别是 2016 年出台的《粮食收购资格审核管理办法》,明确规定"农民、粮食经纪人、农贸市场粮食交易者等从事粮食收购活动,无须办理粮食收购资格"。这让农产品经纪人能够放开手脚地从事相关工作,从而使他们摆脱过去处于"灰色"地带的尴尬境地。

而在庆阳农场也确实存在通过做农产品经纪人而改善家庭经济状况的贫困家庭。

二是善用农闲时间,开"酒坊"增加收入。在庆阳农场的调研中我们遇到一位 X 姓农场职工,利用冬季农闲时间与水稻合作社的一位社员共同开"酒坊"酿造白酒。

> 我俩每年种完地就寻思再干点什么,他说出去打工,我说"你也没文凭,这水平能行嘛,即使去了也是一个月最多 3000 元,不如咱俩开一个小酒坊"。烧锅花了两三千元,用的房子是他的一个空院子,并开辟了一个发酵室。每年冬天我俩能干四个月,能出将近一万斤白酒。大部分卖给周围的邻居、附近居住的人,慢慢地

---

① 沈大平:《新时期粮食经纪人发展趋势与市场定位》,《中国粮食经济》2015年第 3 期。

扩展到这些人的亲朋好友。我们自己也喝，也送一些给亲朋好友。最近我们还要给这个酒注册一个商标。

在调研中我们得知，在庆阳农场，这样的小酒坊并不少，有很多家，这说明已有很多人意识到善用农闲时间对于增收的益处。

综上，在"农事节律"中扩展自己的活动项目、在"乡村生活周期"中增加自己的生产时间都是增收的有效途径，粮食经纪人和开酒坊只是两个例子，发展类似增收项目的前景是非常广阔的。

第五章

"多元化分类扶贫"形成产业
扶贫攻坚可持续机制

庆阳农场在产业发展和产业扶贫过程中，首先做到扶贫的精准性，即对扶贫对象进行精准的分类，并运用不同的策略进行帮扶。开展农业科技试验，提高农业生产效率和产品质量。同时逐步开始订单农业的尝试，培育职工和农户的市场主体意识。通过农业培训长效机制的建立提高劳动力素质和经营管理能力。最后对没有劳动能力的帮扶对象进行"一帮一"式的结对帮扶。值得注意的是，国有农场具有"单位制"特征，国家推行剥离企业社会职能的大环境，能在很大程度上减轻农场负担，使其"轻装上阵"。

第一节 "三条路子"提高产业扶贫精准度

精准扶贫是粗放扶贫的对称,是指针对不同贫困区域环境、不同贫困农户状况,运用科学有效的程序对扶贫对象实施精确识别、精确帮扶、精确管理的治贫方式。首先,对扶贫对象进行精准识别,了解不同类型扶贫对象的致贫原因、贫困状况,只有这样才能进行接下来的精准帮扶和管理。其次,在明确的分类基础上,对不同类型的扶贫对象进行精准帮扶,致贫原因千差万别,那么帮扶的方法也要具体问题具体分析,这样才不失"精准"的内涵。最后,扶贫主体要对扶贫对象进行精准管理,对扶贫过程也要进行精准管理,这个过程不但包括各种建档立卡、扶贫过程的监督管理,也应包括像"回头看"这样的动态机制等。

庆阳农场 2016 年对全场 143 个贫困户进行了逐户的梳理和分类,并根据分类情况开展三种有针对性的帮扶活动。

一 "吃偏食"帮扶有创业能力的贫困户

针对有一定创业能力但客观条件差的贫困户,给予"吃偏食"的政策优惠。对一部分因灾或因病导致"底子空",通过帮扶能够脱贫的贫困户,根据具体情况提供帮扶,如 2016 年提供担保贷款 31 万元,另外在生产场地和销售等方面做好后续工作。这部分贫困户占 2/3 以上,通过2017 年、2018 年两年的工作,基本能够脱贫。

二 "能人带头"帮扶能力较差的贫困户

针对有劳动力条件、自身能力差的贫困户，着重提高致富能力。针对一部分种地技能差或懒散导致贫困的，将其吸纳进产业合作社，改变过去那种效率低下的"单干"方式，变成由"能人"带着干，在帮带中提高技能。针对吸收贫困户的合作社在资金、生产资料等方面优先提供支持。同时也利用"科技之冬""科技之春""科技之夏"等活动加强对农户的培训，2016 年培训种养殖技能 25 项 120人次。

三 "社保兜底"帮扶无劳动能力的贫困户

针对无劳动能力的贫困人口，实施集体兜底保障。主要是针对那些由农场包起来的特殊贫困户，通过加大保障力度、提高最低保障金标准实现应保尽保。对一部分丧失劳动能力或孤寡的老人与小孩，通过在国家保障基础上二次"加码"的措施，在集体资产允许的条件下，确保辖区内三无老人、特困老人和散居孤儿的基本生活，集体供养补贴资金不少于 900 元 / 月，散居孤儿基本生活费用不低于 460 元 / 月。预计到 2020 年，依靠"鸭、稻、果、药、菌"五大产业拉动，扶贫能力增强，保障标准可以达到要求的水平以上，使其脱离贫困线。同时，以医疗政策和民政救助政策为基础，积极帮助因大病、残疾致贫的困难户争取国家政策扶持和必要的资金支持；确保低保家庭的医疗救助标准达到医保范围内个人自付部分的 95%。

第二节 "剥离农场社会职能"深化供给侧改革

企业办社会虽很普遍，但负担之重常令企业难以持续发展，其中以农垦企业更为突出，其与一般工商企业，特别是与新兴的非国有经济形成了强烈的反差。在市场经济中，这是一种企业之间的不平等竞争。而平等竞争是社会主义市场经济的一项基本原则。因此，在建立现代企业制度的众多难点中，如何剥离企业社会职能，帮助农垦企业卸掉办社会的沉重包袱，维护平等竞争的原则，既是一个难点，又是一个重点问题。农垦企业的社会职能，是长期以来历史形成的，是由其特殊性决定的。随着时间的推移，农垦企业办社会的负担越来越重，直接影响农垦企业的机制转换和公司化改造。[①]

经过几十年的发展，农垦队伍不断壮大，为便利农场职工生活，垦区建立了医院、学校等服务机构，在一定时期内对支持农垦事业发展和带动周边地区发展发挥了重要作用。随着时间的推移，经营机制不活、社会负担重等因

[①] 李慧芳、敖军:《农垦企业剥离社会职能途径的探讨》,《中国农垦经济》1998年第1期。

素让部分农场出现了生产经营困难等问题。

农业部数据显示，截至 2015 年底，农垦国有农场仍有各类社会职能机构 8640 个，职工 26.84 万人，不包括办社会方面的基本建设支出，农垦自办社会机构实际经费支出总额为 291.28 亿元，其中农垦企业经费补助达 107.73 亿元。沉重的办社会负担导致部分农场资金运转困难，资产负债率过高，甚至陷入亏损境地。

庆阳农场也面临同样的问题。

2016 年，为了更好地为职工提供优良的就医环境，庆阳农场投资 100 万元对医院进行维修。其中国家预算项目及垦区土地出让金配置项目等，筹划对医院投入 139 万元进行设备购买，逐步更新完善院区先进医疗设备。对学校投入 348 万元，购置教学仪器、设备等，完善学校教学的硬件设施。续建项目保障性供暖工程、供水工程等已经投入使用。这些都表明社会职能给农场造成压力，即使国家有拨款，农场也依然要有相应配套投入，也是一笔开销。

2016 年，农场开始贯彻落实中央农垦改革发展文件的精神。面对改革发展的战略机遇，农场积极贯彻落实中央 33 号文件的任务，贯彻落实省委和总管局党委的改革措施，分离农场行政社会管理和公共服务职能，力求破除农垦体制不顺、机制不活的弊端，增强企业内在活力、市场竞争力、发展引领力。在总管局党委的直接领导和推动下，各项改革工作有序推进。按照《黑龙江省农垦绥化、哈尔滨管理局改革试点实施方案》要求，将行政社会管理和公共服务职能移交相关部门进行统计。其中整体移交属地政府职能 36 项，庆阳农场拟移交延寿县的行政社会管理机构 18 个，拟移交延寿县的公共服务机构 7 个，现已做好移交基础准备工作。按照总管局党委《关于将绥化、哈尔滨管理局所属农（牧）场整合重组组建北大荒农垦集团子公司的决定》和《关于设立黑龙江北大荒农垦集团子公司党委的通知》要求，已经完成公司挂牌等工作，农场企业化改革迈出了实质性步伐。

第三节 "农业科技试验"推广生态农业

要想发展好农业，农业科技可以说是最重要的因素之一。农业科技的创新需要在农业生产体系中引入新品种或引入新的生产方式，进而实现农业要素的合理流动并提高生产效率。其包括新品种或方法的研发、试验、推广、生产应用、扩散等一系列前后相继、相互关联的创新过程。[1]

同其他国有农场一样，庆阳农场具有相对健全的科技服务体系，拥有较高素质的农业科技人员，机械化程度也较高，业已形成科技与农业生产相结合的良性机制。在此基础上，进一步开展农业科技试验并推广成功经验是优势，也是必然的发展趋势。

---

[1] 朱广其：《我国农业技术创新的主体、模式及对策》，《农业现代化研究》1997年第 3 期。

一 引进新品种

近年来，庆阳农场围绕"稻、鸭、果、药、菌"五大产业的总体部署，发展以有机水稻和树莓种植为主线的循环农业经济发展模式。2016 年 9 月，农场与延寿县联合召开了农业供给侧结构性改革——庆阳农场混合所有制经济成果推介会，李京文院士等专家组成员充分论证后认为，庆阳农场打造的安全生态循环生产发展模式，在经济效益、社会效益和生态效益方面具有良好的发展前景，符合我国现行农业政策导向，是对我国农垦改革的一次成功探索。2016 年，农场认证有机土地面积达到 4 万亩，发展"稻鸭共育"的水稻 1.5 万亩，在有机水稻地块放养稻田鸭 12 万只。金陵黑鸡经过一年的孵化、放养试验，在树莓地的放养效果明显。2016 年 10 月，在北京引进太空乌鸡和北京油鸡共计 1800 只做越冬试验，如果试验成功，树莓种植林下的套养又将扩大两个品种的选择。通过农场大棚二次利用，与亚布力林业局庆阳经营所合作经营食用菌生产，摆栽黑木耳菌袋 300 万袋。2016 年，农场新栽树莓 2520 亩，栽植树莓的株行距完全符合机械采收标准。树莓套种板蓝根 2300 亩，营区绿化面积 18.3 亩。加快各类结构调整典型的试验、示范和推广：一是小麦复种白菜 80 亩；二是元葱套种白菜 15 亩；三是采用"水稻震捣提浆"新技术的实验田 100 亩；四是在有机水稻生产过程中引进稻花香 2 号品种，种植面积 20 亩。

二　加快农业科技创新

在引进新品种的基础上，庆阳农场也加强农业技术推广，大力推广普及有机水稻种植技术和工艺，加快传统农业向有机农业转变的步伐，全面提高农业综合机械化水平，促进种植业由粗放经营向集约经营转变，提高种植业科技含量和农产品的市场竞争力，并通过"互联网+"拓宽农场农产品营销渠道。

三　加强基础设施建设

农场引资 500 万元安装视频监控农产品质量安全追溯系统，实现水源地、催芽基地、育苗基地、田间等整个生长周期的可视频追溯。将水稻生产各个环节的技术操作数字化，以达到利用指挥平台监控田间水稻生育过程的目的，由专家进行诊断指导。将画面适时由互联网传输到每台电脑的终端，随时监督查看田间水稻长势及农事活动，并进一步拓展营销渠道，确保网上销售大米的质量安全，实现了农业生态循环的可持续性。

四　改造土壤环境

庆阳农场依托与海峡两岸专家委员会合作实现的负离子能量复合技术——负离子植物细胞激活液、南京农业大学的 5- 氨基乙酰丙酸（5-ALA）助肥增效技术、秋整地、秸秆还田等技术优势，不仅有效地降低了土壤中重金属、化肥农药残留带来的污染，实现水稻生长的营养平衡，改变土壤理化性质，疏松土壤，增强土壤通透性，而且促进了土壤微生物活动，加速土壤有害物质的分解。"负离子植物细胞激活液"技术，对于提高大米的品质、提高大米的食味性效果显著。另外，引进了南京农业大学的5-氨基乙酰丙酸（5-ALA）助肥增效技术，这是一种不合成蛋白质的天然氨基酸，是植物体内叶绿素、血红素和细胞色素生物合成的关键前体。在植物生长发育过程中，它可以促进叶片叶绿素合成，提高植物对太阳光能的吸收转化和利用，促进碳水化合物积累，提高产量，并且改善产品品质；它可以诱导叶片气孔开放，增强蒸腾拉力，促进根系对土壤水分、养分的吸收，提高氮、磷、钾等化学肥料利用效率，在减少环境污染和降低农业生产成本等方面效果显著。同时，庆阳农场应用秋整地、秸秆还田技术，补充和平衡土壤养分，提高地力，增加了土壤有机质含量，抑制杂草滋长，促进土壤微生物活动，加速土壤分解，控制返盐，翻压杂草，冻死残留虫卵，减少病虫害的越冬基数，而稻田里的杂草和有害生物又能作为鸭子的饲料，实现了农业生产的良性循环、可持续发展。

第四节 "订单农业"确保生产销售无缝衔接

农产品的生产、销售等过程存在着信息不对称的现象。

由于农民掌握的市场信息少，在农业生产中不能全面掌握各方面的供求信息，这有可能造成其生产和销售两方面的决策失误。只有在了解市场需要什么的前提下组织生产，才能最大限度地提高农民的收入。从扶贫角度看，掌握了市场需求，一方面能够提高困难群体的收入，另一方面也能降低甚至避免其做出错误决策所造成的损失。

《国务院办公厅关于推进农村一二三产业融合发展的指导意见》（国办发〔2015〕93号）中提出创新发展订单农业，具体为"引导龙头企业在平等互利基础上，与农户、家庭农场、农民合作社签订农产品购销合同，合理确定收购价格，形成稳定购销关系。支持龙头企业为农户、家庭农场、农民合作社提供贷款担保，资助订单农户参加农业保险。鼓励农产品产销合作，建立技术开发、生产标准和质量追溯体系，设立共同营销基金，打造联合品牌，实现利益共享"。

庆阳农场在近几年的实践中也体验到订单农业的益处：首先，在年初的种植中便能开辟出专门的土地进行水稻种植，在心理上没有了后顾之忧；其次，在订单农业的实践中培养了农场职工和普通农户的契约精神，也可以说是培育了市场主体性。

庆阳农场在订单农业方面的特点主要包括以下几方面：第一，庆阳农场主要种植水稻，不存在盲目种植其他作物的问题，所以订单农业在降低农业生产盲目性方面主要体现在种植水稻的品种上，对于品种的需求能够促进家庭农场选择质量更好的品种而不是产量更高的；第二，订单农业能够使水稻的种植更加标准化，因为订单要求的产品需要质量相对统一，这使得在生产过程中家庭农场会以更统一、更标准化的规格进行操作，有利于大规模农业的发展，甚至能够对合作社的发展产生促进作用；第三，订单农业在很大程度上减少了中间环节的差价，增加了收入。

第五节　"农业培训长效机制"确保农户生产
能力可持续

"授人以鱼不如授人以渔"，农业技术的培训对于具有劳动能力、能够在帮助下脱贫的人群来说是至关重要的。近些年来，我国相继实施了一系列农业技术培训工程。如农业部推出"绿色证书培训"工程和"新型农民科技培训"工程，在全国600个县2万个村开展新型农民技术培训；科技部启动"星火科技培训专项行动"，每年安排5000万元的专项资金用于培养一大批掌握现代科技知识和市场经济知识的新型农民与技术人员；教育部组织实施了"农村实用技术培训计划"，针对农村劳动力普遍开展适合当地生产需求的实用技术培训；《全国农民教育培训"十二五"发展规划》指出，"十二五"期间农民技术培训要覆盖全国所有乡村，围绕农民生产实际开展实用技术培训5亿人次。各地方政府也多方筹集资金用于农业技术培训。①

在对庆阳农场的调研过程中，很多农场职工提到每年农闲期的培训使他们非常受益。这些培训的特点包括以下几方面：一是数量多；二是内容覆盖面广；三是内容适用性强；四是能够使学员建立社会网；五是免费。

每年冬天，通过黑龙江省的项目、农垦系统的项目等，会有很多类型的培训供农场职工参加，所以每年都会有很多人参加各式各样的培训，地点大多在省城哈尔滨以及八一农垦大学等。培训项目不仅包括水稻种植、木耳种植这样的农技推广项目，也包括农产品销售、农产品经纪人培训、如何开网店等经营方面的内容，甚至包括月嫂培训。只要职工有意愿，大多能找到相关培训班进行学习。同时，在调研中职工们也普遍反映这些教学内容适用性较强，通常培训班会有充分的答疑时间，学员们能够向教师提各种农业方面的问题。这些问题大多是学员生产和销售中遇到的亟待解决的实际问题。同时在学习中学员与老师之间、学员与学员之间都会建立联系，从而方便在以后的生产和经营中互相沟通，随时提问和分享，具有较大的实际意义。每次培训都是免学费和食宿费的，并且在学员回农场之后，农场可以报销往返的路费，这就意味着整个培训全程都是免费的，体现了减轻贫困家庭和贫困职工经济负担的人文关怀。

---

① 潘丹：《农业技术培训对农村居民收入的影响：基于倾向得分匹配法的研究》，《南京农业大学学报》（社会科学版）2014年第5期。

第六节 "一帮一"结对帮扶增强产业扶贫针对性

结对帮扶，是全国各地在精准扶贫中普遍开展的一项"民心工程"。把帮扶任务分解落实，能够对接困难群众的多样化需求，强化帮扶实效。具体方法是党员干部"一对一"结对子，帮扶城乡困难家庭。

其具体帮扶内容主要为三项：一是针对有劳动能力的特困家庭，通过资金扶持、项目扶持、技能扶持、就业扶持等形式，帮助帮扶对象增强致富意识和本领，开辟致富渠道，实现再就业，增加收入，切实提高生活水平；二是针对子女难以完成学业的特困家庭，采取建立长期助学计划的方式，使其顺利完成学业，增强其家庭的脱贫能力；三是针对无劳动力、无生活处理能力的特困家庭，通过资金帮扶，群众出资、出力，帮助其改善生活状况，增强其生活信心。

庆阳农场在 2017 年出台了《黑龙江省庆阳农场关于"一帮一结对帮扶"工作的实施方案》，通过结对帮扶，增强贫困户自我综合发展能力，加快脱贫攻坚步伐，确保该场如期完成脱贫攻坚规划目标。计划在 2019 年底前，实现现行标准下被帮扶贫困户的年人均纯收入稳定超过垦区扶贫标准，且吃不愁穿不愁，义务教育、基本医疗和住房安全有保障；2020 年巩固扶贫开发成果，实现现行标准下被帮扶贫困户与垦区同步迈入小康社会。

农场以各个责任区为帮扶主体，责任区党政主要负责人负具体责任，全场副科级及以上党员领导干部（包括管理区部分工作人员）为"一帮一"责任人。帮扶对象分为两类：经识别为贫困户，有劳动能力、有致富意愿和基础、能够正常从事生产经营活动，但因能力、资金、技术、信息、管理等因素制约，或因病、因学、因灾等造成生活困难的群众为一类帮扶对象，其余为二类帮扶对象。

根据一类或二类帮扶对象的区分，有针对性地制定帮扶措施并做好帮扶登记。二类帮扶对象的帮扶工作结合兜底扶贫政策进行。帮扶人每个月至少走访两次，做好记录和影像资料采集，具体分为以下十项。

①政策帮扶。帮助释疑解惑，坚定脱贫致富信心，用足用好惠民政策。②思想帮扶。通过谈心、交朋友、拉家常，沟通思想、联络感情，增强自力更生、脱贫致富的自觉性。③创业帮扶。帮助贫困户发展投资少、风险小、有特色、有市场的创业项目，搞好产前、产中、产后服务。④就业帮扶。帮助有劳动能力的贫困户联系就业岗位，提供劳务输出服务。⑤技术帮扶。发放技术资料、开展科技培训，帮助贫困户搞好病虫害防治，提供农业科技示范服务。⑥资金帮扶。帮助贫困户多方筹措小额贷款等政策性资金；根据干部家庭情况，鼓励个人出资、出物帮助困难群众生产生活。⑦助学帮扶。针对子女读书困难家庭建立长期助学计划，力所能及地帮助其完成学业。⑧助医帮扶。为因大病、重病、长期慢性病致贫的家庭，解决看病难、看病贵等难题。⑨助灾帮扶。针对因自然灾害或火灾、车祸等造成的贫困户，帮助其开展灾后重建，解决好基本生活问题。⑩爱心帮扶。逢年过节带上慰问物品，到贫困户

家里走一走、看一看。

在"一帮一"结对帮扶过程中，首先进行了入户调查。结对帮扶主体要对帮扶对象进行核查和再识别，进一步核实其家庭人口、资源状况、贫困现状、致贫原因、劳力状况、技能技术情况等，分析梳理出因病、因残、因学、因灾、缺技术、缺劳力、缺资金及自身发展意愿不足等具体致贫原因，并逐户登记在册。

庆阳农场为了把这项工作落到实处，印制了扶贫手册（具体为"一册五卡四账"），全场49个困难家庭[①]每户一册，每个干部每个月要入户两次，每次都要拍照片粘贴到扶贫手册上，并填表。帮扶主体会通过各种渠道帮助帮扶对象解决一些实际困难，如找工作、增加经济收入（如养殖）、协调解决实际问题等；逢年过节帮扶主体也会自费给帮扶对象购买一些生活必需品，如粮油、衣物、煤等。

第七节　扶贫项目与扶贫效果获得肯定评价

多年来通过农场多方努力，系列帮扶措施和项目的开

[①] 截至2017年12月已脱贫21户，类型为子女有赡养能力不尽义务、帮扶人为其找到经济来源达到脱贫标准（人均收入高于3575元）、低保兜底、已死亡和赔偿继承的贫困户。

展收到了良好的效果。从问卷调查结果来看，多数农户对农场安排的扶贫项目是认可的，认为"非常合理"和"比较合理"的合计占50%，认为"不太合理"和"很不合理"的合计占17%，另有30%的人评价为"一般"，3%的人表示"说不清"（见图5-1）。

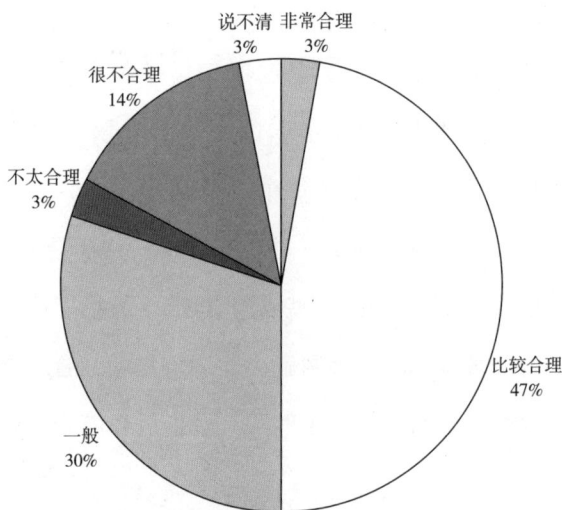

图 5-1　2016 年庆阳农场被访者对本村安排扶贫项目的看法

　　另外，在对本村扶贫效果的评价中，给予肯定性评价的占42%（"非常好"和"比较好"的合计），给予否定性评价的占13%（"不太好"和"很不好"的合计），认为"一般"的占42%，3%的人表示"说不清"（见图5-2）。对比被访者对扶贫项目与扶贫效果的评价结果来看，总的来说其对项目本身的认可度要高于对效果的认可度。

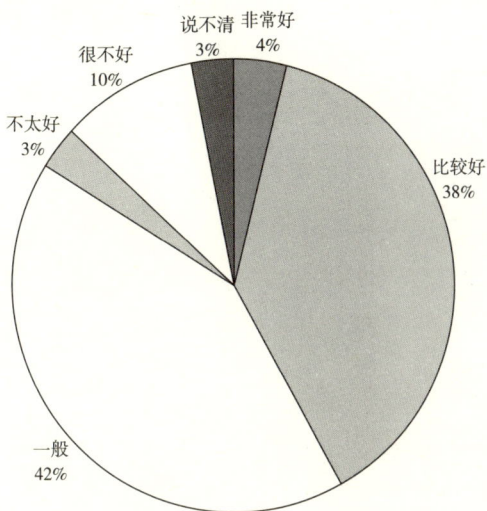

图 5-2　2016 年庆阳农场被访者对本村到目前为止扶贫效果的评价

第六章

"多策并举"系列扶贫措施
助推产业扶贫攻坚

實现 2020 年扶贫目标，打赢扶贫攻坚战，不但需要产业扶贫，还需要精准扶贫，从多角度、多层面开展工作。庆阳农场在这方面综合了教育扶贫、兜底保障、就业倾斜政策、生态保护政策、医保政策等多个方面，形成了具有垦区特色的精准扶贫"庆阳经验"，这些都是产业发展和产业扶贫的有力保障。

第一节　"教育扶贫"助力产业发展人才培养

教育扶贫就是通过在农村普及教育，使农民有机会得到他们所需要的教育，通过提高思想道德意识和掌握先进的科技文化知识来实现征服、改造并保护自然界的目的，同时以较高的质量生存发展。

党的十八大以来，党中央、国务院空前重视扶贫工作，以习近平同志为总书记的新一届党中央领导集体亲力亲为、高位推进，对扶贫工作做出了一系列重要部署，特别是对教育扶贫工作提出了明确要求。其间，为有效落实《国家中长期教育改革和发展规划纲要（2010—2020年）》，并配合实现《中国农村扶贫开发纲要（2011—2020年）》提出的扶贫攻坚新目标，教育部会同国家发改委、财政部、国务院扶贫办等部门于2013年7月联合下发了《关于实施教育扶贫工程的意见》，其中明确提出"把教育扶贫作为扶贫攻坚的优先任务"，"推进教育强民、技能富民、就业安民"，"加快教育发展和人力资源开发"，使"教育对促进片区人民群众脱贫致富，扩大中等收入群体，促进区域经济社会发展和生态文明建设的作用得到充分发挥"等内容。[1]

由于是国有农场，如前文所述，庆阳农场在民生、基础设施、医疗和教育等方面投入巨大，这是农垦系统的传统强项。基础教育方面，当地居民和农场职工都能接受到非常正规的义务教育和高中教育（见图6-1）。不同于农村的农民，这里大多数是农场职工，基本教育情况良好。农场学校在办学方面做到了以下几点：一是以依法办学为准则，办人民满

---

① 刘军豪、许锋华：《教育扶贫：从"扶教育之贫"到"依靠教育扶贫"》，《中国人民大学教育学刊》2016年第2期。

图6-1　庆阳农场的基础教育

意的教育；二是以立德树人为职业理念，提升教师职业素养；三是以教学为中心，强化教学的科学性，培养名优学生。2017年庆阳农场教育保障方面为其现有的6名在校学生提供了免费入学优惠。

在科技、知识、技能培训方面，农场与企业合作，加大树莓产业科技人员的培训力度，确保有充足的技术人员参与到种植和技术指导当中，提高种植效益，抢占国内市场，扩大国际出口，取得了可观的经济效益和社会效益。

另外，在每年农闲时期，庆阳农场会组织各种各样的培训班，其中包括农技培训、市场销售培训、网络营销培训，具体如菌类种植、果树苗木种植、水稻种植、禽类养殖甚至月嫂培训等。这些培训大多在哈尔滨举办，学员不需交任何费用，免食宿费，往返路费回来以后报销。这些培训对农场职工和群众来说帮助非常大，大家普遍反映学习的东西不"空"，能够指导实际生产和销售。

第二节 "兜底保障"减轻产业发展负担

在扶贫攻坚战中，有一部分人是无法通过自己努力和其他人帮扶实现脱贫的，其中包括农村五保户、残疾人、家庭缺乏劳动力的人群、孤儿等，这一部分贫困户就需要完全的社会救助和兜底保障扶贫措施使其脱贫了。

在社会救助方面，目前庆阳农场共有低保对象213户300人，做到了"应保尽保""应退尽退""应补尽补"，全年发放低保金和高龄津贴共计1677163元。实施精准扶贫、精准脱贫计划，建立扶贫工作责任清单，开展了贫困户建档立卡工作。"两节"期间筹集慰问款物，慰问职工190户次，把温暖送到贫困职工家中，农场还为14人次困难患病群众发放医疗救助共计4.09万元，为263名困难户和一所老年公寓发放电价补贴共计1.75万元。在双拥优抚工作方面，2016年为两名退役士兵，发放一次性自主就业金2万元，家庭优待金5.54万元；发放现役军人优待金2200元。此外，农场大学生创业园区主要安置农场退役和复员士兵。在孤儿工作方面，农场为现有的一名无人抚养人员发放8640元孤儿补助金，并实施低保补助，真正做到了孤儿不孤。在残疾人工作方面，农场共有108名残疾人，其中享受残疾人重度护理补贴的418人次，享受生活补贴518人次，以每个月不低于100元的标准发放生活补贴，全年发放生活补贴5.18万元，重度护理补贴4.18万元，所有民政资金按月打卡发放，做到不占用、不截留。

农场同时开展城镇居民养老保险参保工作，扩大养老覆盖面。落实农场低保和社会救助等保障制度，推进社会救助工作。继续加大对贫困残疾人的扶持力度，争取为更多的残疾人提供自主创业的机会。建立健全救灾救济、双拥优抚、社会福利服务体系。

第三节 "就业倾斜政策"提高贫困人口就业率

庆阳农场在扶贫过程中，采取了两种形式为苦难职工和困难群众提供就业岗位。一是在各种产业项目中优先招聘有困难并具有劳动能力的人，二是在"一帮一"结对帮扶中，帮扶主体要利用社会关系为帮扶对象找工作。

庆阳农场从2006年开始开展引进欧洲红树莓的探索，截至2016年，拥有树莓苗木繁育基地1个，年繁育能力500万株。农场树莓种植面积为800公顷，年产树莓380吨。由于树莓腐烂变质较快，需对鲜果进行冷冻加工，每年进行冷冻加工的鲜果为350吨。仅此一项每年能够增加常年就业人数100余人，果实收获季节能提供季节性临时用工岗位约4.5万个。在选择工人时，会优先聘用贫困职工、贫困人口和家庭有困难人群。

另外，庆阳农场树莓加工建设项目，能够改善项目区农业生产条件，可进一步促进农场农产品种植结构调整，提高农场经济效益，项目建设完成后可安排农场下岗职工50人，为下岗职工实现再就业开辟了有效途径。通过该项目的建设，该区农业生产条件明显改善，并取得良好的经济效益，项目区内资源得到充分利用，农田将逐步达到稳产高产水平，从而进一步提高抵御自然和市场风险的能力。

在利用育稻大棚种植木耳项目中，农场在2016年新引进大学生、复转军人和下岗再就业人员16人，主要通过木耳基地的日常管理工作，增加基层工作经验。良好的科技创新与产业化示范，带动农场食用菌产业快速发展，推动农业生产结构的调整，增加职工收入，也能促进农场经济的可持续发展。

该项目中，每年有6~7个月需要用工，每天需要15~20人，每个人每天能收入80~100元，这样每年便能收入1.5万~2万元。在用工过程中主要招聘困难群体。值得注意的是，这种工作并不需要太强的体力，主要是挂菌包、采摘木耳、晾晒等需要耐心的轻体力劳动，所以一些身体并不太好的人也能够胜任。

第四节 "生态保护政策"推进绿色产业扶贫

《中共中央国务院关于打赢脱贫攻坚战的决定》指出，把生态保护放在优先位置，扶贫开发不能以牺牲生态为代价，探索生态脱贫新路子，让贫困人口从生态建设与修复中得到更多实惠。

庆阳农场"鸭、稻、果、药、菌"五大产业的发展总体上具有生态保护扶贫的特征，能够体现在以保护生态、绿色环保为基础促进产业发展的理念上。

一是在林区实行林药间作，不仅对药材生长有好处，提高药材的药性和品质，无污染，完全是绿色产品，比普通模式下种植的药材更有优势；而且可通过整地、除草、松土等，实现抚育幼林，促进林木迅速生长、丰产。从而实现生态保护效益和农民经济效益双赢的目的，为当地农民提供新的致富途径，帮助当地农民增收，在管理药材的同时（包括施肥、浇水、中耕除草、除虫）使林木得到管理，有利于林木生长，可以形成一种"以林养民，以民养林"的循环模式。

二是套种模式有利于改善种植区域农业生态小气候。在荒山荒坡上将中药材与林木结合种植，防风固土、涵养水源、保持水土，可快速恢复植被，治理荒山，实现经济发展与环境友好同步，促进农业可持续发展。通过项目建设，能够长期、稳定地保证农场经济林的覆盖面积，从而使整个农场的林地覆盖率得到保证，这也是巩固多年来退耕还林的巨大成果，可以有效控制水土流失和土壤养分的淋溶流失，明显增加活土层，改良土壤结构，增强土壤再生能力，有效地降低和减少农药、肥料对土壤及农产品的污染，增强土壤的抗旱能力，促进水资源的合理利用，并有效减少林木过樵，保护植被，增加林地面积，缓解农村能源紧缺的局面，促进造林地尽快郁闭成林，充分发挥其涵养水源、防风固沙、治理水土流失、改善农业生产条件、净化空气、美化环境、保持生态的防护功能，为农场经济可持续发展提供了保障。

三是林下养殖业（林禽模式、林蜂模式）带来良好的经济、社会、生态效益。林下养鸡方面，庆阳农场放养的是金陵黑鸡，金陵黑鸡是由南京农业大学动物科技学院和金陵黑鸡生态发展基地联合培养的珍禽品种，被大家称为"名贵食疗珍禽"，具有独特的营养、滋补、药用、食用和观赏价值，黑鸡所产的鸡蛋是营养价值高的绿皮蛋，利用林下土地资源和林荫优势，是饲养黑鸡的最佳生态养殖模式。在林下养鸡，一方面鸡的粪便可以是很好的肥料，自然地施肥于树莓地；另一方面树莓当中的一些虫害、成年树莓下部的杂草和无用枝叶还可以成为鸡的饲料，降低饲养成本，实现生态循环。树莓地也是蜜蜂良好的酿蜜场所，农场规划每 1000 亩地配一个养蜂场，每个蜂场有 30~50 个蜂箱，每个蜂场年产原蜜 6000 斤左右，从而实现总年产蜜 6 万斤（30 吨）的规模。树莓蜂蜜营养价值高，全国少有，农场可以对蜂蜜进行深加工后向市场销售，提高经济附加值，既实现了经济效益的提升，又极大地提高了树莓及经济作物的授粉质量，可直接影响树莓及经济作物的产量。

四是树莓嫩叶及秸秆资源化循环利用。每年 7 月后，进入采果期，树莓的叶子有一定的药用价值，树莓鲜叶含有大量黄酮类物质，具有降血糖、降血脂、抗心律失常等40 多种生理活性，可采集树莓嫩叶、芽叶，制成特色树莓茶叶。10月份果实采收后，农场将秋剪后的大量树莓秸秆加稻壳制成食用菌基质，通过吸引合作伙伴建立了食用菌菌袋加工厂，盘活闲置资源实现再利用，发展黑木耳产业。2016年，农场种植黑木耳300万袋，其中挂袋木耳100万袋，每袋木耳产50克，每袋效益1元；地摆木耳200万袋，每袋木耳产40克，每袋效益0.5元。

同一时期，废弃的菌袋还可通过发酵制成生物肥，生物肥再回供至树莓地和有机水稻的种植基地，实现"树莓秸秆—食用菌—生物肥—树莓地和有机水稻基地"资源生态循环。

第五节 "医保政策"降低因病致贫风险

《关于实施健康扶贫工程的指导意见》（国卫财务发〔2016〕26号）提出："到2020年，贫困地区人人享有基本医疗卫生服务，农村贫困人口大病得到及时有效救治保障，个人就医费用负担大幅减轻……区域间医疗卫生资源配置和人民健康水平差距进一步缩小，因病致贫、因病返贫问题得到有效解决。"

庆阳农场属于国有农场，在医疗卫生方面具有三个明显的优势：一是基础设施建设比较完善，农场场部有医院，大部分职工和附近居民可以就近就医；二是农场职工百分之百具有城镇职工医疗保险，能够最大限度地减轻医疗负担；三是由于农场的影响力，附近居民的医保参保意愿也较高。

近年来，庆阳农场社会保障管理不断规范。农场缴纳的"五项"社会保险费由 2015 年的 1304 万元增加到 2016 年的 1493 万元；为解决职工就近就医、降低就医费用的问题，减轻参保患者负担，农场积极与上级部门沟通并实地考察，增加了县级定点医院，不再降低报销比例，满足了广大参保职工的需求，真正将医保惠民政策落到实处。2016 年已实现农垦总局医院和延寿县人民医院两个定点医院职工医保和居民医保的即时结算。2016 年延寿县人民医院还为庆阳农场职工开展了义诊活动，并将庆阳农场白内障患者纳入北京同仁医院与延寿县人民医院联合组织的免费手术范围中，目前已为庆阳农场 25 名白内障患者免费做完手术。

从问卷调查数据来看，庆阳农场通过多种医保模式实现对农户的保障支持，其中包括新农合、城镇居民医保和职工医疗保障（见表 6-1）。

表 6-1　2016 年庆阳农场被访者参加医保状况

单位：%

医保类型	新农合	城镇居民医保	职工医保	无医保
参加户	33.9	39.0	22.0	10.2

第七章

庆阳农场产业扶贫实践的
主要问题及挑战

产业扶贫的核心任务是通过培育和发展产业，推动贫困地区经济发展，带动贫困人口参与产业发展过程，从而提高收入，实现脱贫。通过对庆阳农场的实地调查研究发现，作为农垦样本，庆阳农场除积累了一定的实践成功经验之外，也暴露出多个层面的问题，在扶贫主体利益联结机制建构、产业发展不利因素突出、金融和政策支撑不足、农技人力资源匮乏等四大方面存在问题。这也为未来一系列扶贫攻坚规划的顺利推进带来了挑战。

第一节　产业扶贫参与主体未形成完整利益联结机制

　　产业扶贫一方面是通过产业发展推动经济发展而达到扶贫效果，另一方面是调动自然和人力资源发展产业，继而实现产业脱贫目标。在此过程中，农场的公共服务职能如何发挥，垦区改革中农场的企业化如何发展，以及在产业扶贫中其他经营主体（农场之外的企业、合作组织、家庭农场）和贫困户之间的利益如何分配，都成为产业扶贫攻坚的关键所在。因此，在垦区集团化、农场企业化的改革背景下，需要建立农场、其他经营主体和贫困户的利益联结机制，以合理的利益分配实现扶贫目标。不同于一般村屯建制的庆阳农场，其产业扶贫的参与者主要有三类，政府、产业经营主体（企业、合作组织、家庭农场）、贫困户。这其中，政府和经营主体所扮演的角色尤为重要，其作用发挥的好坏直接影响着产业扶贫的效果。庆阳农场的特殊性在于其本身是国营企业建制，企业本身又承担着农场的社会管理职能，不但要管理农场的正常生产生活运营，还要管理农场辖区内的七个村屯。因此，产业扶贫过程中的政府职能实际上是由农场领导班子完成的。在这种状态下，庆阳农场现有的产业扶贫实践中最核心的问题就是产业扶贫主体之间的结构欠佳，致使产业扶贫效果达不到预期水平，即履行政府职能的农场管理机构与各类经营主体以及贫困户未能建立完整的利益联结机制，从而影响产业扶贫攻坚的实际效果。

一 农场：垦区改革和职能发挥不到位，行政主导角色过于强势

（一）农场企业化改革尚未见效果

2017 年 8 月，黑龙江省委、省政府公布《关于进一步推进黑龙江农垦改革发展的实施意见》，意见中明确了垦区改革方向，以垦区集团化、农场企业化为主线，使垦区的行政管理职能向企业管理职能转变，不断完善农垦企业集团＋产业公司＋子公司（农牧场基地）的运行构架，推进农场公司化改造。农场作为垦区集团化最基本的单位，其企业化改造的目标是发挥资源优势，依托龙头企业发展特色产业，打造专业化生产基地。而从目前的状况看，庆阳农场还未进行企业化改造，仍然发挥行政管理职能，在产业发展过程中还未过渡到经营主体层面。

（二）农场行政职能发挥不到位

1. 农场行政主导角色突出，扶贫项目缺少整体规划

一项产业扶贫项目从政策制定、实施到完成、评估，要经历一个完整的发展过程。然而，目前许多地方扶贫项目由于政府的主导角色过于突出，在项目执行之初，往往缺乏实践限制、阶段性要求，而只是地方政府一个短期

动议的实践操作，因此，在执行中就会出现对项目管理缺少约束、对过程缺乏有效监督的现象。从农场扶贫项目来看，如木耳大棚项目，就是通过扶贫基金申请上马的，整个项目运作过程中，主要精力都放在了如何上马实施上，对于项目启动以后的管理及长效发展，则更多地取决于项目验收而缺乏第三方的评估，对项目的可持续性缺乏研判。

　　现在做一个项目，尤其是国企，领导会活得非常疲乏。可能当时我们场长，就是说企业"一把手"，大概30年一换，来了新领导就需要顺应他的新思路。比如说对区域进行规划，50年或者30年之内，你不能发生大的格局变化。咱们国家现在也开始引入问责机制，我觉得就应该这样，真正科学地规划这么一个区域。（庆阳农场，冷城浩）

2. 农场领导人更替频繁带来扶贫政策的不可持续性

政策结构的不稳定还体现在政策制定者的不稳定上。一些与扶贫工作相关的重要政策，比如税收政策、土地流转政策、农业支持政策等，常常由于人为的在设计理念上的偏差而给产业扶贫工作带来不可预见的风险。庆阳农场由于领导干部结构复杂，多为农垦内部调动指派，因此，领导人更替十分频繁，这给制度的设计实施带来了很大的不稳定性，使得很多扶贫工作无法保持可持续性。

农场的干部构成很多样，农场干部不一定都是农垦人，在很多年前还有从地方政府调派干部过来的情况。现在的干部中，除了垦区当地人，还有一部分是外来的，有的是上面派的，或者外调的，还有"三支一扶"支教来的，构成方式很多。比如前一段没有书记的时候，上面就派个书记过来，可能不是从当地农场，也可能是从别的农场，或者垦区机关哪个单位调了一位。这几年我们农场干部变化挺频繁的。（庆阳农场，贾福龙）

3. 农场管理模式简单、粗放，"中间人"角色的作用不明显

调查中发现，庆阳农场的产业扶贫模式有时候较为简单、粗放，基本上是农场直接将项目托管给企业，对于企业的运作管理以及产业扶贫项目资金的效益发挥并无明确的监管和后续考核机制。一旦遇上"天灾"或者"人祸"，则颗粒无收，扶贫资金就彻底打了"水漂儿"。

二　经营主体：追求利益目标，扶贫效果差

（一）企业利益追逐与社会责任难以兼顾

在市场竞争环境下，相比于企业，单个贫困户存在着生产规模小、信息渠道不畅通、抵御风险能力差等弱势，因此，在产业扶贫过程中，发挥龙头企业的带动作用是十分重要的手段。企业在搜集市场信息、开拓产品销路、引

导生产和服务等方面都存在巨大优势。龙头企业可以成为将农户与市场连接起来的重要媒介，帮助贫困户提高经济收入。但从现实状况来看，目前，农场通过招商引资等办法引进企业，要实现由其带领农户致富的目标尚显理想化，在实际运作中遇到了很多问题。

（二）企业以追求最大经济效益为准则

大多数企业以追求经济效益最大化为准则，这极易造成企业发展目标与贫困户致富目标的背离，从而导致在扶贫过程中双方发生矛盾，影响产业发展目标的实现。在多个扶贫项目调研中，有农户反映多数企业只求自己发展，并不会把农户要求放在重要考虑范围，农户多以打工身份参与工作，并没有多少主动权，这使得产业扶贫的政策与资金并不能直接作用于贫困户的发展，而是通过企业注资促进产业发展，这种间接的资金使用办法，从实际操作来看，对于贫困户实际生活条件的改善效果并不好。

（三）企业在与贫困户的合作中占据主导地位

企业具有以营利为目的的属性，在实际产业扶贫项目推进时常常会出现一些企业不能正常履行合同，遇到市场出现波动、价格不利的情况时，企业会选择以压低价格或者不履行合同义务的方式规避风险，从而会损害贫困户的切身利益。庆阳农场在产业扶贫项目的推进过程中，也出现过类似情况。

三　合作社、家庭农场：组织能力尚弱，发展活力不足

农村经济合作组织最大的作用就是通过将单个农户组织起来，共同抵御市场风险，提升农户参与市场竞争的实力，进而促进产业和经济发展。庆阳农场的合作社针对贫困户有两种入股方式：一是劳动力入股，二是土地入股。通过几年来合作社的发展，其本身建立了一系列管理规范，合作社的主事者多为当地的种地大户，负责领导入社农户从事农业生产。

> 我们农场合作社对这个贫困户的帮扶，有两种入股方式，有的以劳动力入股，有的以土地入股。劳动力入股，就是按一天多少钱算，属于打工的一种，其实就是务农。相当于加入合作社，你加入，你就是合作社的人，一个月给你开多少钱。除了这种用工形式，还有一些人有劳动能力、有土地，但就是不会种地，合作社以技术方式帮助他们，那就是以土地入股。有人土地入股了，同时还在这干活，他挣的钱要比劳动力入股多。合作社有理事、董事、监事，这些主要就是当地的种地大户，会对土地入股的这部分人进行定期培训，组织学习，提供技术帮助。（庆阳农场，段连超）

就庆阳农场目前的情况来看，尤其是在扶贫开发领域，合作社虽然有一定的发展，但是仍处在初级阶段。

（1）规模比较小。多数合作社的农户数量较少，参与

人员不多，没有形成网络，势单力薄。

（2）发展不规范。虽然合作社也制定了相关的管理流程，但由于农场内部合作社规模较小，乡土文化仍具有很强的影响力，很多时候合作社的民主管理流于形式，意见不统一的情况时有发生，因为产生矛盾而造成合作社解体的情况也十分多见。

（3）缺乏资金支撑。由于单个农户资金实力较弱，筹集资金的渠道也很少，因此，小规模的合作社生命力也不强，在抵御农业生产风险方面上线能力不足，资金链断裂情况时有发生，这也是导致合作关系极易断裂的重要原因。

（4）缺乏专业人才。农场主一般较年轻，有知识技能的人才近几年来出现频繁外流的情况，因此，农场里懂经营、懂农业生产技术的人才越来越少，这也使得合作社缺乏人才支撑，难以实现健康可持续发展。

家庭农场是以家庭成员为主要劳动力，从事农业规模化、集约化、商品化生产经营，无常年固定雇工且雇工数量少的一种新型农业经营主体，家庭农场以追求效益最大化为目标，自身扶贫能力比较弱。

四　贫困户：弱势地位突出，主动参与热情不够

让贫困户积极参与产业扶贫项目，也是扶贫工作的关键所在。当前，由于大多数贫困户在产业扶贫过程中处于弱势地位，其参与感、归属感不强，主要原因有三。

（1）部分农户责任心缺乏，思想脱贫难。大多数贫困

户之所以贫困，一个重要的原因是小农本位生产观，等、靠、要的思想普遍存在，这种被动的思想状态，极大地限制了农户的视野，与以往的扶贫救济方式不同，产业扶贫要求农户和企业、政府一起承担市场风险。这就使得不少农户在面对不熟悉的扶贫项目时常常存在退缩心理，缺乏参与热情，不愿面对风险。

有的时候，农民自身也是不一样的，有的人比较精心，精心管理的，他的鸭子成活率就较高。那些不精心的，成功率就要低。所以，2016年农场开始改制，2017年就不由职工来喂鸭了，由企业的人来放养。因为负责放养的话，每天晚上都得到地里去看一下。之前有的人懒得去就不去了，认为我今天不去也没啥事，如此一来放养的成活率就比较低。举个例子，前几年在我们的第一管理区就出现过类似的事情，有的人就是懒得动弹。犯懒的是什么事情呢？还是前面说的，你负责放养每天早晚都得去看一眼，每天都得到地里头去巡视一圈，看看有没有动物或者有没有老鼠之类的，有的鸭子跑没跑出来，你都得去看。像这种责任心稍微弱一点的，去的次数就少。这样鸭子跑出来，有的就让野生动物给吃了。一般吃鸭子的就是黄鼠狼还有鹰，那几年农场鸭子成活率最高的能达到80%以上，低的只有60%，也就是给他十只，回来就六只，都是因为管理不到位意外死亡的。

（庆阳农场，谷训国）

（2）自身能力不足。从贫困户自身来讲，大多数贫困户除了身体健康状况较差之外，多数存在思想保守僵化，文化水平较低，农业技术较差的问题。这一自身能力弱点决定了其往往只重视短期利益，不懂现代农业种植等技术知识，扶贫项目参与意识薄弱，进而不愿积极行使扶贫参与权。

（3）没有足够的发言权。庆阳农场的扶贫实践可以印证，由于扶贫对象的弱势地位和自身能力所限，其在扶贫攻坚过程中对扶贫内容没有多少发言权，对扶贫项目相关信息的掌握也甚少。由于精准脱贫的时点要求，在产业精准扶贫的过程中，农场往往代替建档立卡户做决定，出现外部力量强力干预推动贫困户参与产业扶贫过程的现象。在此过程中，贫困户参与的积极性与主动性被忽视。由于"权力、制度和文化等多方面因素的复杂作用"，贫困户参与脱贫攻坚"在实践中出现了一些操作性困难，在资源分配和使用中存在一些关系性障碍"，导致贫困户的参与性差。

第二节　扶贫产业发展不利因素突出

从产业扶贫另外一个重要因素——产业布局来看，庆阳农场产业扶贫受发展资金不足限制，其树莓和水稻种植全产业链仅粗具规模，总体来说，现有产业链布局规模小，产业链各环节建设不完善，且缺乏与现代农业发展相适应的配套基础设施建设，尚未形成完善的全产业链结构。

一 农场历史负债多，扶贫资金不足

由于庆阳农场建场时间长，又是国营企业，社会保障负担较重，历史欠账多，这在客观上增加了产业扶贫资金的筹集难度，也给产业扶贫带来一定困难。

> 我们这个农场，主要经营土地，它建场比较早，所以过去遗留下的包袱非常重。那些老同志现在都退休了，企业还得整个承担他们的五险。每年给职工缴纳的社会统筹这部分一共1800多万元，而我们一年的利税收入是1200万元，亏空600多万元。还有机关上班人员也需要费用，包括办公楼里的，把这些公检法司、文教卫生都算上，就200多人。还有一些房屋水电费、接待之类的费用，主要是这些支出。无论是搞金融生产，还是农场种植，都是以营利为目的的一个企业。而刚开板就出现这么多赤字，现在农场一直处于赔钱的状态。(庆阳农场，冷城浩)
>
> 很多农业项目现在都是往里投入的前期宣传阶段。就像有机水稻，东西再好，你卖不出去，一分钱不值。但是农场这边资金紧张，没办法大力推广，这个销路就

打不开，没人认啊！所以就卖得不行。例如前两年畜牧科养的鸭子，鸭雏见的时候农场账面没钱，做不了宣传。等农场钱到了，鸭子翻跟头长。你高价进的，养完了到卖的时候，要是赶不上好价的话，这批就赔了。像我们原先那个鸭棚，屠宰场都建成了，就是差这个资金，没有好的企业进入。养了三年的那个大棚鸭，后来也停产了，一停产直接影响这一条产业链，下边的屠宰场全遭殃。（庆阳农场，刘绍才）

二 规模化程度低，产业链条短

产业扶贫的重要目标就是实现农产品生产的规模化。然而，由于当前农产品科技含量较低，未能形成规模经营，没能掌握足够的市场话语权。因此，庆阳农场当前一家一户的小农生产方式还是主要的产业发展模式，组织化程度低是制约产业效益提升的重要因素。

当前，庆阳农场的多个产业中，生产型产业多，加工、服务类产业少。树莓、果药等扶贫产业规划多是初级产品生产，只重视种植生产环节，而在农产品深度加工、提高科技含量等方面使力甚少。致使农场很多扶贫产业的产业链很短，产品附加值不高，因此，对经济发展的推动作用也就极其有限。庆阳农场单签的林下产品加工企业甚少，规模也难以扩张，在近两年来销售市场前景不好的情况下，发展举步维艰。

三 走向市场能力弱，产业发展后劲不足

（一）重生产轻销售，市场对接能力差

产业发展的根本出路在于市场，发展扶贫产业必须建立产、供、销有效对接的产业体系。调研情况表明，庆阳农场产业扶贫多注重产品的生产，尤其重视产品数量，忽视产品销售，产、供、销处于不对称的分离状态，销售渠道窄，农民自己无力开拓。因此，即使产品获得了丰收，如果市场流通未跟上，农民也不一定能获得较好的经济收益。农产品市场发展较为滞后，信息不对称，市场呈现不完全竞争特点。大部分农户无法准确辨别有效市场信息，只能依靠"模仿"或者"经验"，造成"一哄而散"和"一拥而上"的市场现象频繁出现，市场发展极不稳定，返贫现象时有发生。

20世纪90年代的产业扶贫，当时是说特色经济，但是特色经济这块，实现有点困难。农垦这些年的演变，我经历过很多事情，但真正产业扶贫的效果呢？实际上我们可能做了很多，没挣钱，就是失败。种板蓝根、白萝卜都没成功。究其原因，首先就是销路问题，没有销路。其实企业最重要的就是卖产品，但产与销始终匹配不上。（庆阳农场，冷城浩）

那时候农场确实挣着钱了，就是头年盈利，那年养的鸭子少，养鸭子的第二年，我们一年盈利60多万

元。后来就没那么好了，东西是好东西，就是销路不够，都是我们自己出去找销路，但是效果很不好，所以就没有坚持下去。有时候想想要是坚持下去可能就好了，但这个东西就是风险，没有销量就不敢多养。（庆阳农场，辛衍军）

（二）产业品牌意识不强，市场认可程度低

要实现农产品生产的产业化，建立产业品牌尤为重要，品牌是当前农产品销售、市场开发的最重要因素之一。只有强化品牌意识，才能提升产品的销售价格，提高市场份额，进而提升经济效益。农场的树莓生产实践，就印证了这一点。2017年，庆阳农场生产的树莓由于农药残留高，失去欧洲出口项目，为市场推广带来了十分恶劣的影响。

2017年咱自己把自己牌子砸了。咱们这树莓大部分都出口，出口到欧洲，因为那边没有。但连续两年，国外检疫局的检查都出了问题。第一年检查，在果子上检查出甲肝，第二年是农药残留和重金属超标。我们的作业者应该都有健康证，但他们没采摘，都是雇人采摘的。咱们出口的时候就检测出来，在那个果上有。因为它是个密集型产业，树莓需要连续采摘一个月，就是果成熟了，就得成熟一批采摘一批，大概三天一次。就这么个产业模式，作业人员没法选择。2017年的问题是，管理比较松散，咱们刚刚开始树莓种植，老百姓没有这个意

识，要把这个东西生产到什么程度。他们追求两个目标：一个是效益最大化，产量；一个是降低成本，因为正常情况下，治果子病，是要低残留的农药，低残留的农药不好使，就用高残留的。（庆阳农场，冷城浩）

关于树莓种植，就这几年我是看好质量的，我认为以质量求生存，没有质量，这个产业不能做下去。老百姓为了追求产量高，什么膨大素，各种农药都用。能让树莓早熟、膨大、产量高的，老百姓为了一味地追求产量，多卖钱，根本不顾及这些东西。直到今年出现树莓伤农事件，老百姓都没挣到钱，甚至有的老百姓都住院了，大家伙才都明白了。所以说现在我们就要狠抓质量，狠抓自己内功，这个产业想做下去，必须把质量抓上。狠抓质量，绿色发展，这种产品本身是一个高级保健品，没有质量这个产业就发展不了。树莓种植主要都是出口欧美，但是今年的价格很低，价位在两块多钱，今年整个树莓市场都不看好，树莓开始转入低谷。但是很多专家学者说两年之后这个低谷会过去的。（庆阳农场，徐长民）

（三）农产品技术创新不足，产业附加值低

目前庆阳农场产业创新能力不足，树莓等浆果产品仍处于原果粗加工状态。产品种类单一，致使利润较低。虽然，目前果蔬、稻鸭的生产也在有意识地追求绿色农业发展理念，但执行力并不好。农场产业发展格局的主要特征

还是传统产业多，高科技新型产业少。以树莓生产为例，现有的粗加工方式导致树莓产业"量大价低"，并容易形成恶性竞争及产品积压，给产业发展带来极大挑战。在今后的产业发展过程中，应积极转变思路，加大科技投入，注重产业及产品创新，开辟产业发展新道路。庆阳农场也在努力实践，狠抓质量，更新树莓品种。

　　树莓也看品种，所以我们也一直在更新换代，到现在换三四茬了，刚开始种的是欧洲红，但是效果不好。欧洲红当年是果汁果粒小，特别小，产量高，但是采摘比较费工，每亩一块五左右老百姓才能给你摘，要不然一天赚不到80块至100块钱，老百姓不愿意干活。后来把欧洲红更新了，换成福尔多德，这都是从外国引进的品种，产量虽说上来了，但是还需要买水泥桩、架铁线，这个费工。后来又更新到海尔泰兹，这是北京林科院的张清华老师，81岁老太太，她带着这个新品种过来的，这个品种比较适合咱东北，不适合山东那边高温地区。这个品种果大，产量高，而且适合于机器采摘，这是品种优点。农场现在已经引进来了，估计也就繁育两三年便可以开始种植了。

　　2017年这个厂里又新引进了一种叫波尔卡的，这个品种据说更优于海尔泰兹品种。这个在农场西边、北边和这边有，我们有个新品种实验基地，有时候这个试验过程需要三年时间，它的栽培处于进一步的改善过程中，现在特别强调这个农残问题，我们厂子也特别重视农残问题，要把农残降到最低，都是用有机肥。肥力不大，但是持久，用的量相对要大一些。但是现在正处于试验示范阶段，估计两三年以后就能推向职工。效率其实都是在摸索着提高的，人工采摘一斤一块钱，机器五毛钱就可以。我们作为老百姓来说，一斤就增加五毛钱，就是说一亩地产 2000 斤，无形当中又多收入 1000 块钱，这是立竿见影的。但是这还在摸索探索中，估计也就两年三年了便可以实现。这样就可以跟别的市场竞争，打价格战，咱们生存空间就会更大。但价格战还是比较初级的，等到品质上去了，或者说市场就认咱庆阳出去的，那这个就不一样了。你花了心血，或者花了人力物力了，它这个价格肯定会上去。（庆阳农场，刘绍才）

四 基础设施薄弱，不利于产业发展

交通、水利、市场平台体系等基础设施建设是产业发展的重要保障。庆阳农场目前不通火车，只有省道，没有国道，公路路况不好，入户道路中泥土路占 10.2%，砂石路占 1.7%。赶上雨雪天气，农场交通运输更加困难。另外，农场距离产品销售市场较远。目前，庆阳农场公路建设仍需加强。

咱们有点地理优势，就是说自然环境好，但是销售

这一块没有铁路，走公路的话成本高。（庆阳农场，刘绍才）

另外，农场目前的主要炊事能源中，"柴草"还占有绝对比重（51.7%），厕所类型以"传统旱厕"为主（58.3%），生活垃圾处理还存在随意丢弃现象（3.3%），生活污水排放方面尚有40%的被访者选择"院外沟渠"（见表7-1）。生活环境和卫生条件亟待改善，农场饮用水水质较差，也使得很多农户身体健康受到影响，用于农业生产的水利设施覆盖面积也略显不足。交通、水利条件的落后，极大地限制了农场产业的发展，农产品销售途径不畅，运输成本提高，自然利润降低，市场风险加大，进而制约产业规模化、集约化发展。

表7-1　庆阳农场基础设施情况

单位：%

基础设施	类型	有效百分比
最主要炊事能源	柴草	51.7
	罐装液化石油气	40.0
	电	6.7
	其他	1.7
厕所类型	传统旱厕	58.3
	卫生厕所	38.3
	没有厕所	3.3
生活垃圾处理	送到垃圾池等	6.7
	定点堆放	85.0
	随意丢弃	3.3
	其他	5.0

基础设施	类型	有效百分比
生活污水排放	管道排放	51.7
	排到家里渗井	3.3
	院外沟渠	40.0
	随意排放	3.3
	其他	1.7
入户路类型	泥土路	10.2
	砂石路	1.7
	水泥路或柏油路	88.1
最主要饮用水源	经过净化处理的自来水	85.0
	受保护的井水和泉水	11.7
	江河湖泊水	1.7
	收集雨水	1.7
是否有管道供水	管道供水入户	88.3
	管道供水至公共取水点	8.3
	没有管道设施	3.3

农场用水条件不好。以前我小时候,大概七八岁、十多岁时候,饮水条件是非常非常差的,包括咱这个地区水的质量,是最不好的。30多米,地表水的水锈就很严重了。而且我有很多和我年龄相仿的朋友,那个大腿脖儿、大脚脖儿都是弯弯的,不是直的,都是饮水造成的。过去那边六队,在第六区后来就改一区里了,那里饮水是最差的,我们都是从那个位置过来的。我们家原先也是那边的,都有这种常年积累的疾病,当地人受影响比较大,外来人和它的水质没有那么多接触,喝的时间也短,就没太大影响。之后有一部分人的残疾,就是这样造成

的，也因此丧失劳动能力了。就算是有一定的劳动能力，也是非常非常弱，根本干不了重活。水质改良好像是去年还是前年，2015年左右做的。就是打个深水井，农场投了不少钱，打了三眼还是五眼深水井，都在100多米以下吧，好像是。这些都是农场投入，属于农场做的基础设施，农场投了很多钱，使了不少招，为了老百姓的饮水，花了不少钱。而且这地方地表水不能喝，地下还没有水。地下水很少，就是说找到这个井很难得，花了不少钱，都是打一个眼没有水，打一个眼还没有水，打井是很费劲的，找了很多地方。但是这次改完水之后，感觉好了很多。原来烧水，就是新壶烧水三次之后肯定也会有水垢，但现在改完水之后没有了。不仅如此，这个净水器基本上家家都在用。虽然平房很少，但楼里头基本都用了。（庆阳农场，贾福龙）

第三节　金融和政策支撑不足

通过调查了解到，目前庆阳农场生态型现代农业的产业主体弱小，对生产要素的需求能力弱，支撑产业发展的服务平台缺乏，融资保障、政策支持、市场保护等平台建设非常薄弱。

一 农业保险难获得，风险保障机制不健全

由于庆阳农场自然条件较差，因此在产业扶贫过程中针对农业风险的保障机制显得尤为重要。目前来看，农户面对天灾时更多的是靠参加"保险"，但由于水灾旱灾保险补贴的门槛高，享受人群极少，并未形成有效的农户风险保障机制。

> 种地每年都有可能遇到自然灾害，有的年份大面积发生灾害或者灾害严重，有的年份就不那么明显了。遇到什么水灾旱灾的，基本种的地就完了。这两年旱灾不那么严重，曾经有一年我就基本没收成，赔了一年。水灾的话，每年一涨水，两边就淹了。不过还好，淹了有保险公司赔偿。保险属于国家鼓励项目，国家掏一部分，场里掏一部分，然后个人掏一部分，一亩地七块五，一年保险费得1万多块。但是保险这个东西，如果面积不够就享受不了补贴政策，像地少的都舍不得买，所以基本就是没事就好，有事只能认了。（庆阳农场，辛衍军）

二 农业贷款手续繁杂，贷款能力和资质欠缺

庆阳农场农户贷款有两种方式，一种是个人名义申请无息贷款，另一种是以合作社名义申请合作贷款。这两种

贷款本来是提高农户资金贷款能力的有效措施，但执行过程中由于个人贷款门槛高，很多农户缺乏偿还能力，农场无法担保，因此申请难。

一部分人有一定能力，但是后来因病因灾导致底子空了，比如，一般家庭本来就没有多少钱，收入可能超过3575元，这是正常的、非低保的，就是说能打工养活自己，家里收入就够用了。但是突然间孩子或者妻子或者本人得了一种大病，癌症什么的，花了很多钱，没有收入了，就主要靠政策和低保来帮扶了。能不能得到低保就看他实际收入，能不能达到最低生活保障的识别标准。如果到了就给他低保，或者优先纳入医保、新农合，享受这个政策，看病的时候报销比例能提高一点。政策扶贫肯定是不会差的，农场政策会优先考虑他，让他打工，干点轻活，哪里需要用工就让他去哪。但也有一些大病，可能一下子就需要几十万元，光给他低保是不够的。工会好像有一个无息贷款，他有这个意愿的话，可以上工会，申请无息贷款。但其他形式的贷款是不可能的，由于村民本身诚信度不够，偿还能力也不够，同时农场也是企业。一个企业，不可能给任何人担保。（庆阳农场，贾福龙）

同时，合作贷款申请手续繁杂，农户想要申请贷款也十分困难。

我当时准备以合作社名义贷款，然后给大伙用。虽然合作贷款利息低，但是手续太烦琐了，所以就没办成。当时问了下贷款流程，发现要求特别严，当然我们也理解，不严格万一收不回来不就完了吗。但是对于我们这些农民来说，那些东西太烦琐了。咱们有40多户，因为都互相了解，谁家啥情况、人品好坏咱都知道。就告诉大伙说，咱这钱放出去，基本百分之百都能收回来。那时候想干这个事，认为这个对大伙都好。但是要求合作社全部成员都得签字，我们成员多啊，40多人，要求每个人都得签，这样一来，有的人就不高兴了，有的人认为没他啥事凭什么让他签字？有的人认为签了字就得负担别人的债务了，凭什么呢？可能他只需要10万元，但是集体贷款签的是全部数额，有的人就不愿意了，就不签字。不签字的结果就是没法贷款。政策是好政策，是信用社为我们合作社提供的专门贷款，利息低，可惜这个制度让我们难以实现。再者，农垦系统和其他地方还不太一样，有的政策在地方上不好使，有的是地方上有，但农垦系统就没有。实在没办法了，只能个人去农行贷款。那个农行贷款，我们整过一回，当时需要钱买农资产品，手里钱又不够，就去农行办个人贷款。我们是以个人手续去贷款的，不是以合作社名义去借钱，这样手续就简单一些，但是利息比较高。（庆阳农场，辛衍军）

三 特色产业扶贫缺乏政策支撑，扶贫成果难以保护

黑龙江垦区由于所处地理环境、气候条件以及土地资源的独特性，其发展特色产业扶贫具有得天独厚的优势。特色产业扶贫是以市场需求为导向的。但从庆阳农场发展特色产业的实践来看，特色产业发展在规划层面仍然缺少顶层设计，产业扶贫系列政策缺乏"精准度"，产业规划中都未涉及对农产品市场的相应政策支持，市场波动剧烈，产业规划无法有效落实，"一企一策"更是无从谈起。

产业扶贫成果的保护也存在诸多问题，返贫现象时有发生。因此，具有地区产业发展特点的扶贫成果保护机制的构建十分重要。但目前庆阳农场产业扶贫的主要精力仍停留在产业发展领域，精准的产业扶贫成果保护机制鲜有涉及，树莓、果药、稻鸭产业等都存在这一问题。

第四节 农技人力资源匮乏

目前，庆阳农场农业产业方面的专业技术人员还十分缺乏，农机人才培养尚未形成良性长效机制。农业产业要实现规模经营，必须走科技支撑的发展道路。从农产品选种、培育、采摘等各个环节给予科学技术支持。

一 现有科技人员年龄结构老化，技术力量断层明显

由于农场青壮年劳动力外流现象较为严重，年轻人才培养的长周期性难以实现与当下技术需求的即时性对接，技术力量断层问题突出。技术服务支撑体系的缺乏是导致庆阳农场农产品科技含量低、质量参差不齐等的重要原因。农产品广种薄收，严重制约了产业的规模化发展。

二 人才培养未能保持长效稳定，好的措施难以执行

在精准扶贫精准脱贫阶段，我们对贫困的认识已然从收入贫困转向能力贫困，推进和提升贫困人口的能力建设成为精准扶贫的重要内容。"阳光工程""农村劳动力技能就业计划""雨露计划"等提升贫困人口能力的各项培训工程，在这一阶段得到更好的实施和推进。黑龙江垦区也建立了很多人才选拔培养机制，效果不错，可惜的是，通过垦区助理学习班选拔技术人才到农场帮助生产的这一措施未能长期实施下去。

垦区曾经执行过助理学习班选拔技术人员的措施。在上学的时候通过笔试面试，就类似于公务员考试，可考入垦区助理班。考入助理班之后，根据各管局所需分配人才，假设哈局缺人，缺五个人，那就在助理班中随机挑出五个人，在哈局的各个农场中，哪个农场缺人就去哪里，就这样进入农场工作。但是这种助理班的方式

已经取消了，我们以前一直是通过这样的方式进入农场的，另外也有正常的招聘。（庆阳农场，高红伟）

三 技术培训"有用无效"，存在人才培养结构性问题

另外，在庆阳农场实地调研发现，针对贫困人口的农村实用技术培训存在"有用"但"无效"的结构性困境。这种能力培训"有用无效"的结构性困境与精准扶贫阶段沿袭的小农特色的产业扶贫密切相关。农户反映，农场每年也组织很多电商培训班，但在农场生产中很难实际应用。

电商吧，对我来说比较困难，这些东西接触的少。农场经常组织出去培训，学习过这类知识，也知道电商这种平台有作用，不过回来后发现想自己弄非常困难。困难主要集中在制度无法建立，没办法管理，完全不懂运作的流程，只知道这个东西好，怎么用是真的不会。后来也在网上扒一些下来用，但是执行不好，因为大家不认这种制度，弄完了合作伙伴也不遵守，后来也就没再弄了。（庆阳农场，辛衍军）

第八章

农场产业扶贫推进的路径
优化与对策

発展产业是实现脱贫的根本之策，产业扶贫对于促进贫困地区经济持续发展和贫困群众稳定增收起着十分重要的作用。通过调研发现，面对脱贫攻坚新形势、新任务和新要求，庆阳农场近年来在产业精准扶贫方面做出了诸多有益的尝试和创新，为黑龙江垦区产业扶贫提供了很多有益启示。但在看到成效的同时，必须正视其产业扶贫的主要问题和主要难点。未来一个时期，庆阳农场应以党的十九大精神为指导，全面贯彻习近平总书记关于新时期推进精准扶贫的重要论述，落实中央和黑龙江省、黑龙江农垦总局各项决策部署，坚持垦区集团化、农场企业化的改革主线，以市场为导向，因地制宜，大力发展特色产业，推进"互联网＋扶贫"，创新产业扶贫机制，发挥新型经营主体和龙头企业带动作用，切实做好产业扶贫大文章。

第一节　强化规划政策引导，因地制宜优化产业布局

要结合精准扶贫理念，强化规划与政策的引导作用，因地制宜优化产业布局，增强产业扶贫精准性。

一　加紧制定产业扶贫规划

庆阳农场要立足当地实际，坚持因地制宜和问题导向，把"特色产业"和"精准扶贫"贯穿始终，认真研究、组织编制农场产业扶贫规划，制定实施细则，并与农场、延寿县、哈尔滨管理局、哈尔滨市、黑龙江垦区"十三五"规划和脱贫攻坚规划及产业发展规划等有机结合起来，选准产业扶贫方向，培育优势扶贫产业，谋划产业扶贫项目，既要避免产业过于集中带来的收益下降，又要谋求产业利益深化与拓展，实现贫困户在短期内尽快脱贫、在长期内加快致富的期盼，增强贫困户抵御返贫风险的能力。

二　着力培育打造扶贫特色产业

发挥资源优势，以市场引导消费，以消费推进产业升级，着力培育打造地域特色突出、品牌效应显著的树莓和水稻两大特色农产品产业，提升扶贫产业发展活力和核心竞争力，推动农场实现差异竞争、错位发展。重点谋划产

业发展市场定位，创新营销模式，积极运用互联网、大数据克服交通瓶颈，及时对接市场需求，拓展国内外市场，不断提高中高端市场占有率，扩大大众消费市场规模，实现庆阳有机树莓、有机水稻等扶贫产业优势产品的优质优价。同时，要不断提升扶贫产业发展的质量和效益，强化产业上下游衔接，提升农场本地化配套能力，增强扶贫产业可持续发展能力，有效提高贫困户的收入水平。

三 持续推进基础设施建设

针对目前基础设施不完备、管理维护不到位的现象，加强与哈尔滨管理局、黑龙江农垦总局，以及延寿县、哈尔滨市等交通运输、国土、水利相关部门的协调，科学统筹规划，加大投入力度，持续推动基础设施建设，为产业扶贫攻坚提供硬件保障。重点实施场镇县道路连通提质工程，基本建立农场物流服务体系，提升客货运输服务效率和应急保障能力；重点开展农田水利基础设施建设，进一步加强田间用水设施配套建设、输配水系工程的疏通、节水灌溉技术推广和灌区改造，解决农田水利建设的"最后一公里"问题，补齐防汛抗旱"短板"，实现防洪减灾能力的全面提升。

四 注重扶贫产业经营风险防范

要高度重视扶贫产业经营中可能面临的自然风险、市场风险以及相关的利益关联风险等，通过建立庆阳农场扶贫产业风险补偿机制、健全风险共担经营机制、加强市场分析、完善流通体系、强化科技支撑、扩大农业保险覆盖面等措施，多渠道分散扶贫产业风险。

第二节　培育产业扶贫主体，增强扶贫带动能力

扶贫主体在产业扶贫中的作用无可替代，只有产业扶贫主体发挥积极性、主动性和创造性，产业扶贫规划才能落地生根，扶贫产业才会持续健康发展，才能牵引带动贫困户实现脱贫致富。为此，亟须培育多元化的产业扶贫主体，增强产业扶贫的带动能力。

一　培育壮大龙头企业，提升辐射带动能力

具有优势地位的大企业是带动扶贫产业发展的重要资源，要加快培育壮大龙头企业，充分发挥其辐射带动作用。一是吸引知名企业投资。继续加大招商引资力度，做好对接与服务工作，重点吸引知名农业企业、农产品加工企业来庆阳投资合作，参与扶贫产业项目建设，尤其是参与特色农产品基地建设；扶持已落户企业增资扩产，充分利用其先进技术、品牌价值、营销网络，拉长产业链条、开拓

国内外市场。二是大力扶持本地企业做大做强。支持本地企业强化种养环节、初加工环节竞争优势，鼓励其加强与北大荒、完达山、九三等国内外优势企业开展合作，建设标准化和规模化的原料生产基地，主动融入全产业链建设，拓展产业增值空间，带动贫困户在基地创业就业。

二 大力发展农工合作社，提高贫困户组织化程度

垦区基本经济制度是以家庭农场为基础，大农场套小农场、小农场合作经营的统分结合双层经营体制。农工合作社是推进垦区农业经营方式转变的有效形式，也是促进产业扶贫的重要组织载体。大力发展农工合作社，在更大范围、更广领域实现土地、劳动力、资金、技术等生产要素的优化配置，有利于发挥合作社在产业扶贫中的带动作用，提高贫困户组织化程度，增强其维护自身利益的能力，从而使贫困户能够依托合作社脱贫致富。一是建议国家给予垦区农工专业合作社相应的政策支持。在粮食烘干塔等涉农项目建设、农机具购置、农田改造、规模经营、"互联网＋农业"体系建设等方面给予相应补贴或一定的政策倾斜，有效解决农工合作社发展中面临的突出问题，提升合作社示范带动能力。二是加强对合作社的引导和服务。依托农工合作社带动贫困户脱贫致富，需要不断提高合作社的经营效益。要引导合作社通过产品加工增值、产业融合增效，突出"标准化"优势，在产品质量上下功夫，积极运用移动互联、大数据等现代信息技术，加强优势产品

宣传与营销，支持引导合作社开展"农超对接""农企对接""农校对接""农社对接"，有针对性地对合作社开展科技、信息、金融等服务。

三 建立扶贫产业组织联盟，降低扶贫产业风险

以核心企业、合作社为龙头，以家庭农场、中小企业为基础，培育集生产、加工、流通和服务于一体的新型扶贫产业组织联盟。核心企业、合作社通过资源整合、流程再造、资本运作等方式搭建服务平台，促进要素集聚、服务集约，扩大规模经营，延伸农业产业链，实现多领域、多层次的战略合作与优势互补，降低扶贫产业风险，促进贫困户稳定脱贫。

第三节 建立有效利益联结机制，不断提高贫困户受益程度

农户作为市场主体抵御风险的能力不足，产业扶贫的关键在于将扶贫产业发展与建档立卡贫困人口脱贫有效衔接，这就需要建立贫困户与产业发展主体之间的利益联结机制，不断提高贫困户受益程度，使贫困户能够分享产业发展带来的红利。

一 完善利益联结机制，确保贫困户稳定增收

在垦区产业扶贫实施进程中，应针对利益联结松散的问题，探索建立有效的利益联结机制，将贫困户与龙头企业、合作组织精准捆绑，形成紧密的利益联合体，并根据其产业参与程度明确相应的职责、权利，激发其参与的积极性和主动性。一是重视新型经营主体与贫困户联结方式创新。积极推广合同制、合作制、股份制等多种利益联结方式，通过推广订单帮扶、利润返还、股份合作等模式，鼓励新型经营主体和具有产业发展能力的贫困户，共同开发特色产业，依法签订利益共享、风险共担的合作协议；鼓励贫困户以承包土地入股、劳务入股等多种形式与新型经营主体合作，在不断提高贫困户资产性收益的同时，做优做强扶贫产业，将贫困户增收与扶贫产业发展紧密联系起来，使扶贫产业真正成为垦区贫困人口就地就业的重要渠道。二是完善新型经营主体带农惠农机制。把贫困户精准受益作为政府促进扶贫产业发展和扶持龙头企业、合作社等新型经营主体的必备前置条件，将带动贫困户发展的数量、经济效果、利益联结程度等作为主要考核指标，同时建议将各级政府支持新型经营主体发展的扶贫资金和部分财政补贴资金、金融部门投入的信贷扶贫资金，通过折股等方式量化给贫困户，使贫困户受益。

二 监控与核查并重，促进扶贫产业健康发展

完善对农场招商企业的监督约束机制，促管并重才能确保农业产业化经营的健康发展。一是建立备案审查制。在农户和企业之间，除了商业关系之外，还需建立一个监督约束的机制，将其紧密相连。二是实施等额递补制。促使利益分配机制更加科学化，对企业加强监测和管理，实行有进有出、等额递补的机制，积极通过政策方面的优惠引导企业正确处理利益关系问题。三是建立企业业绩评价标准。应把是否与贫困户建立利益联结关系、是否带动贫困户增收及带动作用的大小等作为评价其成绩大小、是否认定为重点龙头企业的重要标准。

三 注重提升贫困户自我发展能力

自我发展能力是贫困农户脱贫致富的内生动力。要研究制定和实施针对贫困农户的教育培训计划，通过短期进修、培训讲座、网络教育等多种形式，提升贫困农户素质；探索农地流转新模式，提升农地流转效益；积极发展普惠式农业金融，推进承包土地抵押贷款，探索生产性贷款担保方式，提高贫困农户财产性收入，解决融资难题；积极引导贫困农户增强市场意识和经营意识，推动联合经营，积极融入当地一、二、三产业融合发展过程，实现农业的多功能性，大力发展农业新业态，分享产业发展红利。

第四节 健全产业扶贫资金管理机制，提高资金使用效益

资金保障是实现垦区贫困人口脱贫的关键。加大产业扶贫资金的投入与管理力度，提高产业扶贫资金使用效率，为产业扶贫提供资金支持。

一 建立健全产业扶贫资金投入机制

一是积极争取国家加大对贫困农场的一般转移支付力度，增加省级财政、黑龙江农垦总局产业扶贫资金的投入，建立与垦区经济发展水平以及精准扶贫需求相适应的产业扶贫投入增长机制。二是引导金融机构将中长期贷款向垦区农业全产业链倾斜，适当增加对贫困农场贫困农户的小额贷款额度和期限。三是鼓励引导民营企业、社会组织等社会资本积极参与垦区贫困农场扶贫产业发展、基础设施建设以及社会事业发展。

二 建立健全产业扶贫资金整合机制

一方面，建议黑龙江农垦总局成立垦区统筹使用财政专项资金领导小组，统一协调、指导和督促垦区扶贫项目资金和涉农资金的整合、使用工作。另一方面，研究制订产业扶贫资金整合实施方案，完善资金整合决策程序，坚

持以扶贫产业项目为载体，选好统筹平台，集中使用，全面增强资金使用的针对性和实效性。

三 建立健全产业扶贫资金监管机制

一是建立产业扶贫资金使用与建档立卡结果衔接机制，确保产业扶贫资金精确到位，安全使用。二是完善产业扶贫项目公告公示制，广泛接受社会和群众的监督，确保有章可循，依规办事，提高产业扶贫项目实施的透明度。三是建立监管协查联动机制，加大产业扶贫资金监察、审计、稽查力度，坚持定期或不定期对产业扶贫项目资金进行全面检查和重点抽查，及时发现和解决问题，确保产业扶贫资金安全有效运行，切实提高资金使用效率。

第五节　实施品牌建设工程，助推扶贫产业提档升级

带动贫困农场贫困户脱贫致富，要结合本地资源禀赋、区域特色，不断推动扶贫产业向品牌经营转变。通过实施品牌建设工程，打造一批区域公共品牌，培育一批企业知名品牌，延长价值链，提高产品附加值，助推扶贫产业提档升级，引导贫困户早日实现脱贫。

一 策划启动品牌宣传活动

突出"绿色、安全、优质"这一主题,策划启动延寿庆阳产业扶贫品牌推介会、延寿庆阳有机产品认购会、延寿庆阳农产品众筹等品牌宣传活动,以当地有机特色产业和农产品为基础,将庆阳品牌与延寿品牌捆绑,集中"打包",在重要的文化、体育、经贸等活动中,以及景区、机场、车站、码头等场所设置形象标志,全方位、立体化宣传庆阳区域公用品牌、产业品牌、企业产品,展现"人文延寿庆阳,生态延寿庆阳,美丽延寿庆阳,幸福延寿庆阳"的品牌内涵,引导公众消费,提高品牌影响力。

二 培育壮大品牌经营主体

品牌的直接受益者是品牌经营主体,只有经营主体发挥主动性和创造性,扶贫产业的品牌才会具有内生动力,产业扶贫才会持续健康发展。为此,亟须壮大品牌经营主体,拉长品牌产业链,提升品牌价值链。鼓励龙头企业利用品牌资源进行扩张和延伸,建立农产品产业园区和原料基地,提高产业集中度;支持企业、合作社、家庭农场专业化、标准化生产,鼓励其以品牌为纽带,靠大连强,主动进行品牌整合,利用大企业集团的品牌优势和销售网络优势,助推扶贫产业提档升级,打赢脱贫攻坚战。

三　完善品牌政策支持体系

建议黑龙江农垦总局逐步建立覆盖分局、农场的品牌指导站，依托北大荒集团，搭建品牌公共服务平台；设立贫困农场品牌农业发展专项资金，在项目审批、税收、信贷等方面，对创建优势农业品牌的经营主体给予重点倾斜；鼓励扶持出口农产品在境外注册商标，加快 HACCP 等相关国际认证；严厉打击侵犯知识产权和制假售假行为，加强信用信息运用和失信惩戒，构建品牌维权发展机制。

第六节　推进人才队伍建设，加大科技创新与支持力度

纵观各地的产业扶贫成功案例，农业要想实现产业脱贫，离不开的是人才；农业要想实现产业发展，离不开的是科学技术创新。无论是农产品的开发还是合作社等组织的完善，人才已经成为农业发展的重要因素，如果没有专业技术人才，先进的农业技术就无法推广，而由此带来的就是低效率和低转化率的劳动。精准扶贫不仅要"授之以鱼"，更要"授之以渔"。所谓"授之以渔"，就是农场要继续加强对农业职工，特别是贫困户的培训工作，积极开展与省市农业高校和科研院所的合作，针对适应该地区的

农业技术和新的农业品种要及时培训和更新，有针对性地提高农业生产技术，培养农户的市场经营理念及风险意识，如此才能为下一步的工作打下良好的基础。

一 实施生态产业发展带头人培养计划

根据生态型现代农业项目特点及高端市场的产品需要，采取"人才共享"、定向培养等方式，引进培养产业发展所需的专业技术人才，围绕特色生态产业，开展对合作社、家庭农场、龙头企业等新型经营主体经营人才的培训。加快实施生态产业发展带头人培养计划，农场要筹集专项培训资金，建立培训资金多渠道筹集机制，形成专技人才培养长效机制，确保农场产业发展的人才供给。

二 帮助贫困户实现思想脱贫

思想脱贫工作的重要性，前文已经提及，所谓思想脱贫，不仅包括帮助农户正确认识劳动生产的真正意义，还包括正确认识生产技能提升带来的优势。以往单纯的物质补助，有的时候不仅不能帮助农户脱贫，反而成为农户继续不劳作的理由。因此，正确的引导和积极的培育，才是实现贫困农户脱贫的正确方法。从不得不劳作变成应该劳作、积极劳作，让生产劳作带来丰厚的回报，实现贫困农户真正意义上的致富。

三 完善科技服务推广与培训体系

采取科技专家下场、科普专题讲座等多种形式开展农户培训，着力培养贫困农场特色产业示范带头人、科技种植养殖能手，全面推广农业先进实用技术和良种良法，为产业扶贫提供智力支持，着力提高贫困地区农户的自我发展能力。坚持把职业教育发展作为实施产业扶贫的重要抓手。深化职教招生办学制度改革，积极推进产教融合、校企合作，重点支持涉农、电子信息、电工、幼教等一批社会有需求、就业有保障的特色优势专业，满足贫困村产业发展对技术技能人才的需求。大力实施"雨露计划"、开展企业订单培训等项目，积极组织引导往届初高中毕业生、农场及周边农村青年、农场职工、下岗失业人员等群体接受职业教育培训，提高贫困人口职业技能和就业创业能力。

庆阳农场问卷调查统计数据

A 部分

附表 1　基本情况

単位：%

指标	类别	有效百分比
性别	男	76.7
	女	23.3
文化程度	文盲	18.6
	小学	18.6
	初中	22.0
	高中	13.6
	中专	1.7
	大专及以上	25.4

指标	类别	有效百分比
婚姻状况	已婚	72.9
	未婚	11.9
	离异	6.8
	丧偶	8.5
当前健康状况	健康	41.7
	长期慢性病	21.7
	患有大病	21.7
	残疾	15.0
劳动、自理能力	普通全劳动力	43.3
	技能劳动力	5.0
	部分丧失劳动能力	13.3
	无劳动能力但有自理能力	28.3
	无自理能力	8.3
	不适用	1.7

B 部分

附表 2　住房基本情况

单位：%

指标	类别	贫困户	非贫困户
住房情况	状况一般或良好	67.9	96.7
	政府认定危房	7.1	0.0
	没有认定但属于危房	25.0	3.3
住房的建筑材料	竹草土坯	20.0	0.0
	砖瓦砖木	50.0	16.7
	砖混材料	30.0	6.7
	钢筋混凝土	0.0	76.7

指标	类别	贫困户	非贫困户
主要取暖设施	无	3.3	0.0
	炕	96.7	13.3
	炉子	0.0	3.3
	电暖气	0.0	3.3
	市政暖气	0.0	80.0
是否有淋浴	无	96.7	6.7
	电热水器	3.3	83.3
	太阳能	0.0	6.7
	其他	0.0	3.3
是否有宽带	是	10.0	90.0
	否	90.0	10.0

C 部分

附表 3　家庭收入来源情况

单位：元

类别	贫困户	非贫困户
家庭纯收入	10502.00	56001.25
工资性收入	0.00	42826.09
农业经营性收入	9000.00	81800.00
非农业经营收入	5600.00	15285.71
低保金收入	6086.90	2200.00
家庭贷款	4413.79	22307.69

附表4 生活状况及满意度

单位：%

指标	类型	贫困户	非贫困户
总体来看，对现在生活状况满意程度	非常满意	0.0	13.3
	比较满意	0.0	20.0
	一般	16.7	30.0
	不太满意	46.7	13.3
	很不满意	36.7	23.3
你昨天的幸福感程度如何	非常满意	0.0	13.3
	比较满意	0.0	26.7
	一般	51.7	40.0
	不太满意	17.2	13.3
	很不满意	31.0	6.7
与5年前比，你家的生活变得怎么样	好很多	0.0	20.0
	好一些	10.0	26.7
	差不多	26.7	43.3
	差一些	43.3	6.7
	差很多	20.0	3.3
你觉得5年后，你家的生活会变得怎么样	好很多	0.0	16.7
	好一些	24.1	26.7
	差不多	27.6	16.7
	差一些	6.9	3.3
	差很多	3.4	3.3
	不好说	37.9	33.3
与多数亲朋好友比，你家过得怎么样	好很多	0.0	13.3
	好一些	0.0	13.3
	差不多	10.3	43.3
	差一些	41.4	20.0
	差很多	48.3	10.0
与本村多数人比，你家过得怎么样	好很多	0.0	3.4
	好一些	0.0	17.2
	差不多	0.0	48.3
	差一些	43.3	27.6
	差很多	56.7	3.4
对你家周围的居住环境满意吗	非常满意	0.0	12.0
	比较满意	36.4	44.0
	一般	27.3	28.0
	不太满意	13.6	16.0
	很不满意	22.7	0.0

附表 5　环境污染情况

单位：%

指标	类别	有效百分比
水污染	有	3.6
	无	96.4
空气污染	有	8.9
	无	91.1
噪声污染	有	3.6
	无	96.4
土壤污染	有	0.0
	无	100.0
噪声污染	有	10.7
	无	89.3

D 部分

附表 6　家庭成员健康情况

单位：%

指标	类别	有效百分比
家中身体不健康的人数	都健康	35.6
	一人不健康	44.1
	两人不健康	16.9
	三人不健康	3.4
所患疾病的严重程度	一般	25.6
	严重	74.4

指标	类别	有效百分比
没治疗的主要原因	经济困难	90.9
	其他	9.1
现在行走方面有问题吗	没问题	· 40.0
	有点问题	5.0
	有些问题	25.0
	有严重问题	22.5
	不能行走	7.5
在洗漱或穿衣等方面是否可以照顾自己	没问题	65.0
	有点问题	22.5
	有些问题	2.5
	有严重问题	7.5
	不能进行任何活动	2.5

E 部分

附表7 社会安全情况

单位：%

指标	类别	有效百分比
2016 年你家是否遭受过意外事故	自己	1.7
	家人	5.0
	否	93.3
2016 年你家是否因自然灾害发生财产损失	是	8.3
	否	91.7

指标	类别	有效百分比
在你居住的地方，天黑以后一个人走路，你觉得安全吗	非常安全	24.1
	比较安全	63.8
	有点不安全	3.4
	非常不安全	3.4
	不一个人走路	1.7
	说不清	3.4
去年你家有没有挨饿的情况	没有	95.0
	小于 7 天	5.0

G 部分

附表 8　政治参与情况

单位：%

指标	类别	有效百分比
是否党员	是	20.3
	否	79.7
家里有几位党员	0	70.0
	1	23.3
	2	5.0
	3	1.7
你或者家人是否参加了最近一次村委会投票	都参加	8.5
	仅自己参加	11.9
	别人参加	3.4
	都没参加	42.4
	不知道	33.9

指标	类别	有效百分比
你或者家人在去年是否参加了村委会召开的会议	都参加	11.7
	仅自己参加	10.0
	别人参加	3.3
	都没参加	41.7
	不知道	33.3

H 部分

附表 9　业余生活状况

单位：%

指标	类别	有效百分比
本村或临近有没有农民合作社	有	50.0
	无	1.7
	不清楚	48.3
本村或临近有没有文化娱乐或兴趣组织	有	83.3
	无	6.7
	不清楚	10.0
你现在是否已婚	已婚	65.0
	未婚	15.0
	离异	6.7
	丧偶	13.3
临时有事时，一般找谁帮忙	直系亲属	95.0
	其他亲属	3.3
	同事或同行	1.7

指标	类别	有效百分比
急用钱时你向谁借	直系亲属	91.7
	其他亲属	3.3
	朋友或同学	5.0
业余时间（工作、睡觉之外的时间）的主要活动	上网	31.0
	社会交往	1.7
	看电视	50.0
	参加学习培训	1.7
	休息	12.1
	做家务	3.4

参考文献

白丽、赵邦宏:《产业化扶贫模式选择与利益联结机制研究》,《河北学刊》2015 年第 4 期。

范东君:《精准扶贫视角下我国产业扶贫现状、模式与对策探析——基于湖南省湘西州的分析》,《中共四川省委党校学报》2016 年第 4 期。

洪大用、房莉杰、邱晓庆:《困境与出路:后集体时代农村五保供养工作研究》,《中国人民大学学报》2004 年第 1 期。

黄承伟、覃志敏:《贫困地区统筹城乡发展与产业化扶贫机制创新——基于重庆市农民创业园产业化扶贫案例的分析》,《农业经济问题》2013 年第 5 期。

黄承伟:《深化精准扶贫的路径选择——学习贯彻习近平总书记近期关于脱贫攻坚的重要论述》,《南京农业大学学报》(社会科学版)2017 年第 4 期。

李博、左停:《精准扶贫视角下农村产业化扶贫政策执行逻辑的探讨——以 Y 村大棚蔬菜产业扶贫为例》,《西南大学学报》(社会科学版)2016 年第 4 期。

梁晨:《产业扶贫项目的运作机制与地方政府的角色》,《北京工业大学学报》(社会科学版)2015 年第 5 期。

马良灿:《农村产业化扶贫项目运作逻辑与机制的完善》,《湖南农业大学学报》(社会科学版) 2014 年第 3 期。

马楠:《民族地区特色产业精准扶贫研究——以中药材开发产业为例》,《中南民族大学学报》(人文社会科学版) 2016 年第 1 期。

孙兆霞:《脱嵌的产业扶贫以贵州为案例》,《中共福建省委党校学报》2015 年第 3 期。

唐丽霞、李小云、左停:《社会排斥、脆弱性和可持续生计:贫困的三种分析框架及比较》,《贵州社会科学》2010 年第 12 期。

田强、马桂萍:《农业产业化扶贫的现实困境与路径选择例析》,《南方农业》2016 年第 31 期。

王春光、孙兆霞、曾芸等:《社会建设与扶贫开发新模式的探求》,社会科学文献出版社,2014。

王春光:《社会治理视角下的农村开发扶贫问题研究》,《中共福建省委党校学报》2015 年第 3 期。

许汉泽、李小云:《精准扶贫背景下农村产业扶贫的实践困境——对华北李村产业扶贫项目的考察》,《西北农林科技大学学报》(社会科学版) 2017 年第 1 期。

杨小柳:《参与式扶贫的中国实践和学术反思——基于西南少数民族贫困地区的调查》,《思想战线》2010 年第 3 期。

张新文:《我国农村反贫困战略中的社会政策转型研究——发展型社会政策的视》,《公共管理学报》2010 年第 4 期。

折晓叶、陈婴婴:《项目制的分级运作机制和治理逻辑——对"项目进村"案例的社会学分析》,《中国社会科学》2011 年第 4 期。

朱晓阳:《反贫困的新战略:从"不可能完成的使命"到管理穷人》,《社会学研究》2004 年第 2 期。

后　记

　　庆阳农场所在的延寿县 1994 年被列入国家级贫困县，2001 年被列为国家扶贫开发重点县。该场地处张广才岭西麓、交通末梢死角，同时"五山四分田、半水半草原"的自然环境，导致其经济发展缓慢，在黑龙江省农垦系统中属于既小又弱的农场；场内居住着转岗职工、农业散户、早期移民等，扶贫工作较复杂。

　　作为中国社会科学院国情调研特大项目"精准扶贫精准脱贫百村调研"的子课题之一，课题组成员对这个极具典型性的农场做了比较深入的考察。通过本研究，一方面，为总课题提供鲜活的典型个案，为对我国精准扶贫和精准脱贫战略的实施进行中期评估和进展评价提供现实依据，为十八届五中全会以及"十三五"规划中有关精准脱贫目标的实现提供经验支撑。另一方面，掌握扶贫开发工作进展情况，了解精准扶贫工作中的难点和问题，紧紧瞄准贫困人口，以"减少贫困、缩小差距、增加收入、构建和谐社会"为目标，以如何改善贫困地区的生产生活条件为中心，以如何增加贫困群众收入为重点，在创新扶贫开发机制，提高扶贫开发水平上深入挖掘经验启示。

在调研的实施过程中，课题组得到了黑龙江省农垦总局的大力支持和巨大帮助，也与哈尔滨市扶贫办、市农委、市卫计委、市金融办等部门进行了密切沟通，特别是在调研期间，延寿县政府相关领导多次陪同走访，庆阳农场负责人在各个环节给予了帮助，农场相关工作人员也为保证调研的科学性、准确性付出了巨大的努力。

在此，课题组非常感谢这些给予我们帮助的部门和相关负责同志，特别感谢黑龙江省农垦总局党委委员、宣传部部长高跃辉同志的大力支持；特别感谢黑龙江省农垦哈尔滨管理局党委委员、组织部部长郭洪明同志以及组织部副部长黄俊德同志多方筹划推进，陪同调研组一同深入庆阳农场了解情况；特别感谢庆阳农场场长、党委副书记汪永辉同志以及庆阳农场党委书记关宏宇同志积极为调研提供便利条件，组织座谈会，提供大量的资料信息。感谢庆阳农场工作人员马瑞同志、崔艳丽同志对调研工作的全力配合和辛勤工作。同时，在整个调查研究中，课题组成员们也付出了很多努力，我们至今仍怀念在凛冽的寒风中共同行走在东北莽原上的日子。通过多方努力，课题组最终形成的研究报告共八个篇章，其中刘懿锋负责第一章的撰写、张岩负责第二至六章的撰写、马睿泽负责第七章的撰写、田雨负责第八章的撰写，田雨、马睿泽负责书稿的初步统稿及修改工作，赵勤、刁鹏飞参与了对整部书稿的修改，王爱丽、孙壮志负责最终统稿、定稿。

精准扶贫精准脱贫百村调研·庆阳农场课题组

2018 年 7 月 1 日

图书在版编目（CIP）数据

精准扶贫精准脱贫百村调研. 庆阳农场卷：产业扶
贫攻坚的农垦样本 / 孙壮志，王爱丽主编. -- 北京：
社会科学文献出版社，2018.12
ISBN 978-7-5201-3648-8

Ⅰ.①精… Ⅱ.①孙… ②王… Ⅲ.①农村－扶贫－
调查报告－延寿县 Ⅳ.①F323.8

中国版本图书馆CIP数据核字（2018）第232972号

·精准扶贫精准脱贫百村调研丛书·

精准扶贫精准脱贫百村调研·庆阳农场卷
——产业扶贫攻坚的农垦样本

主　　编 / 孙壮志　王爱丽
执行主编 / 田　雨　马睿泽

出 版 人 / 谢寿光
项目统筹 / 邓泳红　陈　颖
责任编辑 / 张　媛

出　　版 / 社会科学文献出版社·皮书出版分社（010）59367127
　　　　　地址：北京市北三环中路甲29号院华龙大厦　邮编：100029
　　　　　网址：www.ssap.com.cn
发　　行 / 市场营销中心（010）59367081　59367083
印　　装 / 三河市尚艺印装有限公司

规　　格 / 开　本：787mm×1092mm 1/16
　　　　　印　张：11.5 字　数：109千字
版　　次 / 2018年12月第1版　2018年12月第1次印刷
书　　号 / ISBN 978-7-5201-3648-8
定　　价 / 59.00元